Jutta Weber-Bock

WIR vom Jahrgang 1957

Kindheit und Jugend

Wartberg Verlag

Impressum

Bildnachweis:

Jutta Weber-Bock, Stuttgart: S. 5, 7 r, 25, 28, 49, 63; ullstein–bild: S. 6, 7 l, 8, 11 l, 21 l, 21 r, 23 r, 26 r, 29, 33 u, 35 r, 35 l, 39 l, 41, 45 l, 45 r, 46 l, 47, 52, 53 l, 53 r, 55, 57 l, 58, 59; Doris Wester, Gummersbach: S. 9 o; Eugen Sauter: S. 10, 15, 25; Stadtarchiv Gladbeck: S. 11 r; Norbert Pechmann, Gelsenkirchen: S. 12; Dagmar Mehlhase, Hannover: S. 14; Günter Frank, Düsseldorf: S. 16; Ursula Pfaff, Wetterberg: S. 17; Anton Bundschuh, Schwäbisch Gmünd: S. 19 o; Gerda Koplin, Kaarst: S. 19 u; Presse-Bild-Poss, Siegsdorf: S. 20 r, 53; Hildegard Schäfer, Gummersbach: S. 23 o; Michael Hohlmann, Neuss: S. 27; Stadtarchiv Aalen: S. 30, 51; Gustav Hildebrand: S. 31, 37; Stadtarchiv Wiesbaden: S. 33 o; Bernd Storz, Reutlingen: S. 39r; Stadtarchiv Heidelberg: S. 40; Gerhard Apfel, Rossdorf: S. 42; Renate Lepper, Langgöns: S. 44; Gabriela Schliephake, Münster: S. 46 r; Georg Schmidt, Bremen: S. 48; Klaus Meier-Ude, Frankfurt am Main: S. 57 r, 60; Spiegel-Verlag, Hamburg: S. 61

Weitere Bilder wurden folgenden Publikationen entnommen:

S. 13: Ranzen, Roller, Rasselbande...Unsere Kindheit in den 50er Jahren von Jochen Müller, Wartberg Verlag, S. 41; S. 18, 26 l: Mittelhessen in den 60er Jahren von Friedhelm Müller und Heinz Pfeiffer, Wartberg Verlag, S. 16/17; S. 20 l: Wochenend' und Sonnenschein. Unsere Freizeit in den 50er Jahren von Susanne Seidenfaden, Wartberg Verlag, S. 22; S. 22: Kinder, wie die Zeit vergeht – Das Kieler Fotoalbum der 60er und 70er Jahre von Philine Manack und Martin Geist, Wartberg Verlag, S. 17 u; S. 43, 55 r, 56: Lüneburg und Umgebung - Kindheit und Jugend in den 60er und 70er Jahren von Heidi Staack und Sebastian Vogt, Wartberg Verlag, S. 12 o, 35, 31

Wir danken allen Lizenzträgern für die freundliche Abdruckgenehmigung. In Fällen, in denen es nicht gelang, Rechtsinhaber an Abbildungen zu ermitteln, bleiben Honoraransprüche gewahrt.

5. Auflage 2007

Gestaltung und Satz: Ravenstein und Partner, Verden; Voßwinkel, Berlin
Druck: Hoehl-Druck Medien + Service GmbH, Bad Hersfeld
Buchbinderische Verarbeitung: Buchbinderei Büge, Celle

34281 Gudensberg-Gleichen • Im Wiesental 1
Telefon: 0 56 03/9 30 50 • www.wartberg-verlag.de
ISBN: 978-3-8313-1557-4

VOR-WORT

Liebe 57er!

1957 – ein guter Jahrgang ...
... haben wir oft gesagt und bekräftigend genickt, bis wir immer häufiger gefragt wurden, warum eigentlich?

Geboren am Ausgang der 50er Jahre, haben wir die ersten Schritte in einer Zeit getan, die den Griff nach den Sternen wagte und der technischen Faszination nicht widerstehen konnte. Möglichst schnell älter werden, das wollten wir und die Enge unserer ersten Kindheitsjahre hinter uns lassen. Wir ahnten nicht, wie langweilig die Freiheit doch sein kann. Auch Science-Fiction-Filme können darüber nur manchmal hinweghelfen, denn der Alltag steht immer hinter der Tür. Aber das hat uns nie geschreckt, wir haben stets beherzt zugegriffen und Probleme beim Schopf gepackt.

Vielleicht waren wir die erste Generation, die an einem Vätermangel litt, obwohl die Väter da waren. Sie mussten arbeiten, wie alle Väter zuvor, aber es waren Erwartungen bei uns geweckt worden. „Samstags gehört Papi mir", hieß es. Stattdessen haben die Väter Überstunden für den Wohlstand geschoben, den wir bis weit in die 60er Jahre hinein noch nicht als selbstverständlich erleben durften.

Die beiden Kurzschuljahre 1966/1967 haben unsere Grundschulzeit geprägt, die damals noch Volksschule hieß. Ehe wir uns versahen, waren unsere künftige Schullaufbahn und damit auch die Berufswahl entschieden, die oft noch die Eltern trafen. Als „ein guter Jahrgang" sind wir diesen vorgezeichneten Wegen gefolgt, zunächst jedenfalls.

Jutta Weber-Bock

Vom Laufstall in den Weltraum

1957–1959

Das 1. bis 3. Lebensjahr

Der Laufstall

Am Anfang war das Nein. Es kletterte die Gitterstäbe rauf und runter. Wir umklammerten das Holz der Stäbe, und der Lack wurde rissig unter unseren feuchten Fingern. Wir versuchten zu laufen und fielen, robbten von einem Ende zum anderen, ohne dass es ein Ende gegeben hätte. Immer wenn unsere Mütter uns hochgenommen hatten und wieder hinsetzen wollten, strampelten wir. Nein! Nein! Nein – NEIN! schrie es in uns, ein Nein für jede Gitterseite.

„Sie sind selbst Schuld", sagten die Mütter, „wenn sie überall rumrennen, alles runterreißen. Gestern erst, fast hätte meiner sich verbrüht, so schnell kann man gar nicht gucken, wie sie plötzlich am Herd stehen und am Topf ziehen."

Ein kalter Luftzug kam immer aus der Schlafzimmertür, dort standen unsere Gitterbetten am Fußende der Ehebetten. Nach dem Mittagsschlaf konnten wir rufen, soviel wir wollten, solange die Zeit nicht rum war, haben sie uns nicht wieder geholt. Und wenn sie kamen, setzten sie uns nur von einem Käfig in den nächsten. „Sonst lernen sie nie, was Grenzen sind, wir haben keine Zeit, immer hinter ihnen zu stehen. Wir sind wenigstens da, nicht wie andere, die den ganzen Tag arbeiten gehen", sagten die Mütter. Dann gingen sie zurück an ihre Nähmaschinen. Heimarbeit.

Durch die Tür, die zum Flur ging, kamen die Väter herein. In der Hand hielten sie braune, abgewetzte Aktentaschen, die sie

Chronik

5. Januar 1957
Mit der „Eisenhower-Doktrin" sollen im Nahen Osten die Interessen der USA gewahrt und der Einfluss der UdSSR zurückgedrängt werden. Die USA sichern den Staaten im Nahen Osten militärische Hilfe gegen den Kommunismus zu.

4. April 1957
Die erste Massenimpfung gegen Kinderlähmung beginnt in der Bundesrepublik.

3. November 1957
Die UdSSR schießen den Sputnik 2 in eine Erdumlaufbahn. An Bord ist die Hündin Laika.

29. Juni 1958
Brasilien gewinnt in Stockholm gegen Schweden 5:2 und wird Fußballweltmeister. Der erst 17-jährige Edson Arantes do Nascimento, der sich Pelé nennt, ist mit zwei Toren im Endspiel der erfolgreichste Torschütze.

27. November 1958
Einseitige Kündigung des Viermächteabkommens über Berlin durch die UdSSR, die Berlin in eine „freie entmilitarisierte Stadt" umwandeln möchten.

2. Januar 1959
Auf Kuba rücken die Revolutionstruppen Fidel Castros in die Hauptstadt Havanna ein. Am 16. Februar 1958 wird Fidel Castro zum Ministerpräsidenten ernannt.

1. Februar 1959
In einer Volksabstimmung lehnen 67 % der Schweizer Männer die Einführung des Frauenwahlrechts ab.

17. März 1959
Nach der blutigen Eskalation von Straßenkämpfen gegen die Besetzung Tibets durch chinesische Truppen flieht der 14. Dalai Lama nach Indien.

15. November 1959
Auf einem Parteitag beschließt die SPD das „Godesberger Programm", mit dem die SPD die Entwicklung von der Arbeiter- zur Volkspartei anstrebt und auf Distanz zum Marxismus geht.

Im Freien war sie nicht so schlecht, die Welt hinter Gittern

auf die Chaiselongue unter der Dachschräge warfen. Dann verlor das Sofakissen seinen Knick in der Mitte. Die Mütter seufzten und holten den Henkelmann heraus, um ihn später mit abzuwaschen. Als die Väter wieder rausgingen in den Flur, strichen sie uns über die Haare und brummten, wenn die Mütter sagten, „mach die Tür zu, ich heiz doch nicht fürs Treppenhaus. Und du holst ja keine Kohlen."

Die Mütter wischten die Küche, Tapser machen, das kam gar nicht in Frage. Wir drückten uns die Gesichter faltig zwischen den Gitterstäben, wollten schnell älter werden und zum Mond fliegen. Aber vorläufig mussten wir im Sportwagen noch das Sicherheitsgeschirr tragen.

Alternative zur teueren Butter

Zwischen Essen und Trinken

Wirtschaftsminister Ludwig Erhard proklamierte den „Wohlstand für alle" und predigte „Maßhalten!" und so verweigerten wir das Fläschchen. Wir wurden nicht gestillt, „weil das die Figur ruiniert", erklärten die Mütter sehr viel später. Nach dem Fläschchen stellten sie uns möglichst schnell auf Bananenbrei um. „Haste was, biste was", sagten sie und zwängten uns die Breilöffel in den Mund.
Auch Bundesernährungs- und Landwirtschaftsminister Lübke rief die Hausfrauen zur Sparsamkeit auf. So gab es für uns die gute Butter nur morgens auf dem Marmeladenbrot, das in viele kleine Würfel geschnitten stundenlang auf dem Teller warten musste, bis wir aufgegessen hatten und die Mütter uns von den Lätzchen befreiten.

Politiker machten sich Gedanken über den Brot- und den Kartoffelpreis. Wenn die Mütter nicht hinsahen, pulten wir das Weiche aus der Brotscheibe und formten kleine Kugeln daraus, die wir in den Backentaschen spazieren trugen.

1957 wurde in Bonn das Institut für Selbstbedienung gegründet. Unsere Mütter aber gingen vorläufig weiter zum Edeka-Laden um die Ecke und holten die Milch in der Kanne.

Die asiatische Grippe kam und ging, und die Eltern tranken sonntags zusammen mit den Großeltern Jacobs-Kaffee. Für uns wurde richtiger Kakao angerührt, mit guter Milch versteht sich, jedenfalls die mochten wir.

Im Frühjahr 1958 waren Gartenzwerge ein Verkaufsrenner, und die Bundesregierung kaufte überschüssige Butter, um den Preis stabil zu halten. Unsere Mütter holten den Ramawürfel aus der Speisekammer. Wenn uns die Eltern sonntags durch den Märchenpark trugen, durften wir die roten Mützen der Zwerge streicheln. Und anschließend gab es zu Hause Butterkuchen, mit dem wir so herrlich krümeln konnten. Essen mochten wir ihn aber nicht.

Das Hula-Hoop-Fieber erreichte die Bundesrepublik, und in München brach der „Semmelkrieg" aus, weil ein Bäcker die Brötchen für sechs Pfennig statt sieben Pfennig verkaufte. Wir hüpften wie die Frösche oder spielten Flugzeug, mit seitlich abgespreizten Armen. Brötchen kannten wir nur, wenn die Mütter vom Bäcker ein paar altbackene holten, weil sie Paniermehl für Fleischklopse machen wollten.

Atomare Niederschläge

Umfangreiche oberirdische Atomtestreihen gehören Ende der fünfziger Jahre zum Alltag, aber bereits 1957 gibt das japanische Sozialministerium bekannt, dass die Atmosphäre über Japan durch Atomwaffenversuche zunehmend radioaktiv verseucht ist und empfiehlt den Hausfrauen, die Lebensmittel sorgfältig zu waschen. Die US-Wissenschaftler hoffen 1957 darauf, bald eine Wasserstoffbombe herstellen zu können, die zu 95 % frei von radioaktiver Ausschüttung ist. Zwei Jahre später verkünden sie stolz, dass sie ein Atomkraftwerk im Taschenformat hergestellt haben und ihnen die direkte Umwandlung von Atomkraft in Elektrizität gelungen ist. Am 20. März 1957 warnen Wissenschaftler der Weltgesundheitsorganisation vor Erbschäden durch die Anwendung von Kernenergie und radioaktiver Strahlung. Im Jahr 1958 verbietet das Bundesverfassungsgericht mehrfach den Bundesländern, eine Volksbefragung zur Atombewaffnung der Bundeswehr durchzuführen.

Am 31. Januar 1959 schreiben die Zeitungen: „Das Bundesatomministerium meldet, dass im Januar die radioaktive Konzentration im Regenwasser in der Bundesrepublik 60-mal höher ist, als es die Norm der Europäischen Atomgemeinschaft erlaubt."

Atomwaffenversuche, Ende der 50er, Anfang der 60er Jahre

Für den Sonntagsspaziergang wurden wir fein gemacht

Sonntagsspaziergänge

Du hast mal wieder auf den Knien gelegen und deine Hände angesehen, nass, dreckig und kalt. Vor dir eine Pfütze. Eine Hand zog dich nach oben. Der Vater. Du hast ihn erkannt an seinem breitkrempigen Hut und der Zigarette im Mundwinkel. Er setzte dich auf seine Schultern und hielt dich an den Füßen fest. Deine Schuhe möglichst weit weg vom dunklen Mantel, so ging er bedächtig den Kiesweg entlang und rauchte weiter. Der Dampf hüllte dich ein und du hast dich geborgen gefühlt. „Und nachher einen Schinkenhäger", hat dein Vater gesagt, „schließlich ist Sonntag!"

Diese Spaziergänge im Park. Du erinnerst dich daran, dass ihr immer am Sonntagnachmittag zum Ententeich gegangen seid und das Kriegerdenkmal umrundet habt. Dein Vater hob dich jedes Mal erst am Minigolfplatz wieder herunter. „Dafür ist sie noch zu klein", sagte die Mutter, „und was das kostet." Du hast deine Hände durch den Maschendrahtzaum gesteckt, sie passten so gut durch die Löcher und spielten so gerne hinter dem Draht Fangen miteinander. Deine Mutter hat deine Strumpfhose hochgezogen und deine Hände vom Zaun gelöst. Sie duftete wie immer sonntags nach „Tosca".

Gerne wärst du älter gewesen und hast ständig versucht, wenigstens ein bisschen von der Hand der Mutter und ihrem Popelinmantel mit dem Kamelhaarfutter wegzulaufen, um ganz allein auf dem Steg am Teich herumzuspringen. Boom, bomm, boom, klang es. Durch die Ritzen glitzerte das Wasser und du hast dich weit vorgebeugt.

Deine Mutter stellte dich wieder auf die Füße und band ihr Perlonkopftuch neu. Sie zog deinen karierten Rock, den sie selbst genäht hatte, nach unten, sorgte dafür, dass deine Mütze weit genug die Ohren bedeckte und gab dir einen Kanten Brot. „Davon musst du ganz kleine Stücke abbrechen und sie zu den Enten ins Wasser werfen!" Du hast beobachtet, wie sich das Brot im Wasser ausdehnte, und erst dann, wenn es sich mit Wasser vollgesogen hatte, haben die Enten es weggeschnäbelt. Deine Mutter streichelte deinen Kopf. In solchen Momenten warst du für sie endlich brav, du hattest etwas Nützliches getan. Wie gut, dass sie nicht ahnte, dass du das Brot nur zerbrochen hast, weil es dich brennend interessierte, wie es sich im Wasser veränderte.

Käsekrieg

Zwischen der Bundesrepublik und den Niederlanden kommt es im Jahr 1957 zum Streit über die Kardinalfrage, ob der Käse rund oder eckig zu sein hat. Die Holländer fühlen sich bedroht. Darf ihr Käse in seiner traditionell runden Form erhalten bleiben? Nachdem die Holländer überhaupt nicht bereit sind, über die jahrhundertealte runde Form zu diskutieren und diese aufzugeben, protestiert der bundesdeutsche Lebensmittelhandel beim niederländischen Landwirtschaftsministerium. Nach Einschätzung deutscher Rationalisierungsexperten muss der Käse unbedingt in eckigen Laiben geliefert werden, weil sich dieser besser für Selbstbedienungsläden in stapelbare Portionen abpacken lässt. Eine Alternative wäre vielleicht die Wabenform gewesen. Daraus lassen sich problemlos auch eckige Käsestücke schneiden, aber die Kreisform bleibt gut zu erkennen. Damit hätten die Holländer den Vorreiter zur innovativen Gestaltung moderner Lebensmittel spielen können.

Kopftücher und Strumpfhosen

Die Frauen in den Modemagazinen trugen Ballon-Look und Capri-Hosen, unsere Mütter trugen im Sommer praktische ärmellose Kleider im Hemdblusenstil und Badeanzüge mit angedeutetem Rockteil. Die Jungen steckten in kurzen gestrickten Hosen und Ringelpullis und wir Mädchen in Röcken und Kopftüchern, die wir nicht auf den Ohren haben wollten. Doppelt geknotet unter dem Kinn, so konnten wir uns nicht richtig bewegen. Meistens bekam der Teddy im Sandkasten das Kopftuch, bis die Mütter es merkten und schimpften. „Macht nicht so viel Wind", sagten die Mütter und zogen die Kopftücher fest über den Ohren. „Lass doch die Deern", sagten die Großmütter und ernteten giftige Blicke, weil sie sich schon davor für Kniestrümpfe ausgesprochen hatten. Die Mütter aber bestanden für uns Mädchen auf Stumpfhosen, Helanca, das kratzt nicht, sagten sie. Gekauft waren sie zum „Reinwachsen", und so hatten wir immer Kringel in den Kniekehlen und an den Knöcheln. Die Jungs hatten mehr Speck an den Beinen und Grübchen an den Knien, die durften schon in ihren kurzen Strickhosen herumlaufen, die Träger vorne über kreuz, während wir Mädchen noch im Plüschmantel mit den Knebelknöpfen steckten. Die Mütter trugen Popelinemäntel, Jerseykleider und Perlonkopftücher, in denen wir oft mit unseren Fingernägeln hängen blieben, wenn sie uns in das Geschirr für den Sportwagen steckten, denn stillsitzen, das wollten wir nicht.

Helanca gehörte einfach dazu

Hosen waren nun mal der „Hit" für junge Mädchen und Frauen in den 50er Jahren

Wir wollen Hosen!

In der niedersächsischen Stadt Varel verhängt die Rektorin der örtlichen Volksschule im Oktober 1957 ein „Hosenverbot" für Mädchen und droht bei Zuwiderhandlung mit dem Ausschluss von einem Schulausflug. Das Regierungspräsidium entscheidet: Grundsätzlich haben die Eltern über die Bekleidung ihrer Kinder zu bestimmen, so dass auch Mädchen in Hosen zur Schule geschickt werden dürfen. Das zeitweise raue Klima in Norddeutschland und vor allem in der Küstenregion ist Begründung genug, die Töchter nicht im Rock die Schule besuchen zu lassen. Das „Hosenverbot" wird aufgehoben, Siegerinnen sind die Schülerinnen der Volksschule in Varel.

1959 bestimmt in Wien der „Hosenkrieg" für mehrere Wochen die öffentliche Diskussion. Zunächst wird an einer Oberschule für Mädchen das Tragen von Jeans im Unterricht verboten, da es einer Schülerin „unwürdig" ist. Dann wird das gleiche Verbot an einer Jungenschule verhängt.

Jeans bedeuten Unabhängigkeit, für die Eltern aber ist dies ein Zeichen von Auflehnung. Der Siegeszug der Blue Jeans ist jedoch nicht aufzuhalten. Heute gibt es für jeden Geschmack die richtige Form, „stoned-washed" oder „stretch" zum Beispiel, so dass niemand mehr mit Jeans in die Badewanne steigen muss, um sie passend zu machen.

Auf dem Land arbeiteten die Frauen besonders hart

Der Küchenherd

Wie oft haben wir zugesehen, wenn die Mütter am Herd in der Küche standen und Briketts nachlegten, die sie vorher in Zeitungspapier eingewickelt hatten. Die Mütter hatten uns auf einen Stuhl am Herd gestellt, dann waren wir in ihrer Nähe und konnten keinen Unsinn anstellen. „Aber nicht anfassen", sagten sie, „die Platte ist heiß." Wir fanden das mutig, so durch die runde Luke den Arm bis zur Glut hindurchzustrecken und die Zeitungspakete langsam und sorgfältig aufeinander zu schichten. Die Flammen leckten am Papier, bevor sie emporloderten. Dann haben die Mütter schnell mit dem Haken den großen, runden Verschluss auf die Öffnung geschoben und die Pfanne von der Seite in die Mitte gezogen. Sie fuhren mit dem Messer am Ramawürfel entlang und ließen den kleinen Fettberg gekonnt innen am Rand hinunter in die Pfanne hinabgleiten. Am Rand der Pfanne kickten sie die Eier auf, ohne die heiße, dunkle Herdoberfläche zu bekleckern. Wir hörten, wie Eier und Flammen prasselten und knackten und kniffen die Augen ganz fest zu, bis Spiegeleiergeruch in unsere Nasen drang. Die Rama spritzte ein wenig aus der Pfanne heraus, und die Mütter rieben schnell mit einem nassen Lappen die Flecken wieder weg. „Wenn das erst einbrennt", sagten sie, und wir malten uns ein hübsches Muster auf der schwarzen Oberfläche aus. Sie schoben die Pfanne beiseite, hoben uns vom Stuhl herunter und öffneten die Ofentür. Die Flammen loderten hell auf und die Mütter warfen schnell noch zwei schwarzglänzende Briketts hinein. Damit die Hitze später noch für heißes Wasser zum Abwaschen reichte. Aber erst aßen wir die Spiegeleier, die schon begannen unter einer Haut zu erstarren, zum Abendbrot.

Stellung der Frau

Am 1. Juli 1958 tritt das Gleichberechtigungsgesetz in Kraft. Die traditionelle Rollenverteilung ist als Norm weiter vorgesehen, aber Frauen dürfen nun ohne Einwilligung des Mannes berufstätig sein, über ihr eigenes Vermögen verfügen und einer Arbeit nachgehen, sofern dies mit ihren Familienpflichten vereinbar ist. In Erziehungsfragen aber behält der Vater den so genannten „Stichentscheid". Er bleibt „der Herr im Haus", bis das Bundesverfassungsgericht ein Jahr später diese Regelung aufhebt und die gemeinsame Verantwortung der Eltern gegenüber dem Kind betont, die sich aus dem Grundgesetz ergibt.

Am 11. Mai 1957 erklärt das Bundesarbeitsgericht die „Zölibatsklauseln" für nichtig, damit endet das Arbeitsverhältnis einer Frau nicht mehr automatisch mit der Eheschließung.

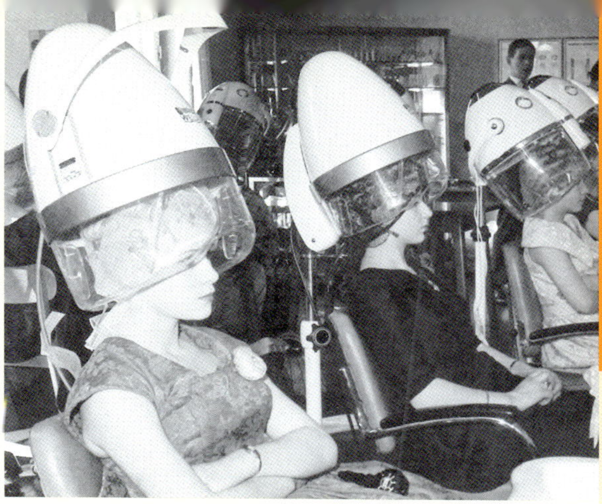

Beim Friseur

Weltausstellung in Brüssel

Unter dem Motto „Bilanz der Welt – für eine menschlichere Welt" findet vom 17. April bis 19. Oktober 1958 die erste Weltausstellung nach dem Ende des Zweiten Weltkriegs statt. Zentrale Themen sind Kerntechnik und Raumfahrt. Mittelpunkt und Symbol des Glaubens an den technischen Fortschritt ist die 150milliardenfachste Vergrößerung eines Alpha-Eisenkristalls, das Atomium. Die Konstruktion erhebt sich 110 Meter über das Ausstellungsgelände. In die neun zweistöckigen Kugeln, die mit einer hochglänzenden Aluminiumlegierung verkleidet und durch Stahlrohre mit einem Durchmesser von drei Metern untereinander verbunden sind, gelangen die Besucher entweder durch einen Fahrstuhl im Mittelmast oder durch Rolltreppen innerhalb der Stahlrohre. Obwohl die Aussteller betonen, trotz aller Technik stehe der Mensch weiterhin im Mittelpunkt, werden doch erste Zweifel geäußert, ob die Technik nicht längst zum Selbstzweck geworden ist und es überhaupt noch darum gehe, sie in den Dienst des Menschen zu stellen.

Das Atomium in Brüssel

Dauerwellen, Haarspangen und Nagellack

In Düsseldorf wurde das „Haus der Schönheit" eröffnet. Wir begleiteten unsere Mütter schon im Kinderwagen zur Dauerwelle, die die Haare in Form brachte, und schnupperten gierig am Haarspraynebel. Zwischen den Friseurbesuchen nahmen die Mütter Tönungsshampoo und drehten sich die Haare selbst auf Lockenwickler.

Unsere Haare wurden von den Müttern geschnitten, meistens ziemlich kurz, damit sie kräftiger nachwuchsen. Der Pony durfte nicht in die Augen fallen, er musste mindestens die halbe Stirn freilassen. An den Seiten hielten Spangen die Haare aus dem Gesicht. Nach dem Waschen mit Eishampoo rubbelten die Mütter die Haare mit einem Handtuch trocken, danach mussten wir noch eine Weile am Ofen sitzen und leise spielen.

In der Nachttischschublade stand das Nagellackfläschchen mit einer durchsichtigen Flüssigkeit. „Klarlack", erklärten die Mütter, „damit die Fingernägel ganz natürlich glänzen." Sie nahmen Weizenkleie zur Gesichtsreinigung und cremten sich täglich ein, legten aber kein Make-up auf, zogen höchstens die Augen-

Legosteine, am Anfang eine knifflige Angelegenheit

brauen etwas nach. Einen Lippenstift benutzten sie nur sonntags und ganz dezent. Hinter die Ohren tupften sie einen Tropfen Parfüm, Tosca. 4711, Kölnisch Wasser, blieb den Großmüttern vorbehalten.

Laufen lernen

Deine früheste Urlaubserinnerung setzt sich aus Kieselsteinen zusammen. Ihr wart mit der Eisenbahn in die große Stadt gefahren. Die Mutter hatte dich und den großen Bruder mitgenommen. Du hast Angst gehabt, als die riesige, schwarze Lok in den Bahnhof einfuhr und zischend ihren weißen Dampf abließ. „Bald sind sie alle elektrisch", hatte der Bruder gesagt und ein wichtiges Gesicht gemacht. „Nachher darfst du zuschauen, wenn ich aus Legosteinen eine Lok baue." Bei deiner Oma durftest du auf dem Dachgarten spielen. Mit den Händen hast du Kieselsteine in einen Blumentopf aus Ton geworfen und ihn bis oben hin gefüllt, bis die Kiesel runterfielen. Dein großer Bruder hob den Topf hoch, er passte auf dich auf. „Wie Pelé, ach kennst du sowieso nicht, aber wie er die Tore geschossen hat, zweimal hintereinander." Dein Bruder machte heftige Bewegungen mit dem Tontopf, und die Kiesel rieselten wie wild unten aus dem Loch. Du hast in die Hände geklatscht, die Kiesel mit den Fingern zusammengekratzt, wolltest wissen, was unter dem Berg war. „Dachpappe", sagte der Bruder, „und Dreck. Du darfst aber nur die Kiesel nehmen, sonst schimpft Mama." Die saß mit der Oma in der Küche und hörte zu, wie Oma vom Schah und der Soraya erzählte. „So ein Traumpaar und kein Kind! Und nun die Scheidung", seufzte die Oma und drehte etwas schneller an der Kaffeemühle. Dachpappe, hast du in deinem Kopf wiederholt, schwarz und rau. Einzeln hast du nun die Kieselsteine genommen und sie in den Topf fallen lassen. Langweilig. Plötzlich war der Bruder weg, wahrscheinlich Fußball spielen. Schnell bist du zum Geländer gekrabbelt. In der Regenrinne waren Pfützen. Du hast dich hochgezogen, höher, noch höher, die Bäume unten waren dunkel.

„Friedhof", hatte der Bruder gesagt. Du hast dich ganz fest gehalten an den Stäben, gestreckt und gedreht, die Arme gehoben. Den Blumentopf hast du gesehen, bist gelaufen, hast das Gleichgewicht verloren, dich mit den Händen abgestützt, bist wieder aufgestanden. Die Kiesel waren spitz, egal, du bist gelaufen, hattest es eilig. Dann bist du doch nach hinten gefallen, bist wieder gekrabbelt, ganz schnell bis zum Blumentopf und hast einen Kieselberg gemacht. Einen ganz großen. Das war dein Butterberg. Darüber hatte die Oma vorhin geschimpft und dann gelacht und der Mutter zwei Päckchen über den Tisch geschoben. „Von der Butterfahrt, letzte Woche", hatte sie gesagt. Kleine Pfützen haben sich gebildet, du hast Kiesel hineingestreut. Das waren deine Sterne, zu denen würdest du später mal fliegen. Das war viel besser als Fußball spielen. Dein Kopftuch rutschte. Hinter dem Friedhof klingelte die Straßenbahn. Du hast den Kopf gehoben und der Freiheit gelauscht.

Tief beeindruckt schauten wir den Großen zu

Spielen

Das DDR-Fernsehen zeigte in einem Film einen Hund mit zwei Köpfen. Wir experimentierten mit unseren Puppen und schauten, was in ihnen drin steckte. Luft, nichts als Luft. Aus unseren Teddys kam wenigstens Holzwolle heraus, aber die Puppen waren einfach für nichts gut. Wir konnten sie anziehen und ausziehen, mit ihnen auf dem Arm herumlaufen, sie im Puppenwagen spazieren fahren. Aber ein Geschwisterchen wäre uns lieber gewesen. So weich wie ein Teddy. „Das können wir uns noch nicht leisten", sagten die Mütter und lächelten. „Geht lieber Blumen pflücken, zum Muttertag."

Die Zeitung meldete am 11. Juli 1959: 34,8 Grad! Heißester Tag seit 1830. Endlich unbegrenztes Planschen in einer Zinkwanne im Garten, nur mit einem Höschen bekleidet. Barfuß liefen wir über die heißen Steinplatten, die nassen Tapser verdunsteten sofort. Am Sonntagnachmittag gingen unsere Väter mit uns ins Freibad und holten sich einen Sonnenbrand, weil sie so blass waren von den vielen Überstunden. Sie ließen das Jo-Jo gekonnt auf- und abschnurren, während wir den großen Mädchen mit dem Hula-Hoop-Reifen zuschauten.

Zwischen Schweinebucht und Kindergarten

1960–1962

Das 4. bis 6. Lebensjahr

Fahrrad fahren

Auf deinem kleinen grünen Fahrrad bist du immer die Straße hinuntergesaust, bis zur Einmündung der Querstraße, dort war die ungeschriebene Grenze. Du warst schnell und bist schneller und schneller geworden und hast getreten bis die Pedalen im Leerlauf kurbelten, sich ohne deine Hilfe fortbewegten und das Rad auf seinen dicken Ballonreifen dahinsauste, so dass du die Beine in die Luft gehoben hast. Autos fuhren nur wenige, und die Fahrer ließen geduldig lächelnd die wilde Kinderschar vor sich herziehen, bevor sie wieder Gas gaben.

Ihr habt die Arme in die Luft gehoben, seid die letzten Meter freihändig gefahren, aus dem Garten des Rechtsanwalts bellte euch der Boxer an, der dich mal gebissen hatte.

Und dann bist du mit den anderen die Straße wieder hinaufgestapft, neben dir das Fahrrad, es war schwer, massiv der Rahmen. Wie gerne hättest du ein Rennrad gehabt, die anderen waren immer schneller, aber auch älter. Bis zu eurem Haus seid ihr halb gelaufen, halb gefahren, dort war der Start, du bist die letzten Meter gerannt, nur schnell in den Pulk der anderen, damit die Mutter dich nicht sah und hereinrufen konnte.

Fahrrad und Fernseher, so fing unser modernes Leben an

Chronik

13. Februar 1960
Erster französischer Atombombenversuch in der Sahara, mit dem Frankreich neben den USA, der UdSSR und Großbritannien zur 4. Atommacht aufsteigt.

23. Mai 1960
Wissenschaftler sowohl in den USA als auch der UdSSR arbeiten an der Entwicklung einer Neutronenbombe, die Sachwerte weitgehend erhält und „nur" Leben zerstört.

25. August 1960
In Rom beginnen die Olympischen Sommerspiele. BRD und DDR treten mit einer gemeinsamen Mannschaft auf. Erstmals werden die Olympischen Spiele von den Fernsehstationen in alle Teile der Welt übertragen.

12. April 1961
Der sowjetische Kosmonaut Juri Gagarin umkreist als erster Mensch in einem Raumschiff die Erde.

20. April 1961
Der kubanische Ministerpräsident Fidel Castro gibt bekannt, dass die Invasion der Exilkubaner in der Schweinebucht, die vom amerikanischen CIA unterstützt wurde, gescheitert ist.

7. Juni 1961
Da die Arbeitsämter mit 5 Milliarden DM zu hohe Rücklagen haben, beschließt das Bundeskabinett in Bonn, dass ab 1. August 1961 für sechs Monate keine Beiträge zur Arbeitslosenversicherung (2 % des Bruttoverdienstes) gezahlt werden müssen.

13. August 1961
Nach der Sperrung der russischen Sektorengrenze in Berlin wird der Ostsektor mit Stacheldraht abgeriegelt und das Brandenburger Tor geschlossen. Die DDR beginnt mit dem Mauerbau.

17. Februar 1962
Eine Sturmflut an der Nordseeküste fordert allein in Hamburg mehr als 300 Menschenleben. Als die Pläne zum Katastrophenschutz ausgeführt werden, zeigt sich, dass die Evakuierung von Menschen nicht vorgesehen ist.

26. Oktober 1962
Die Redaktionsräume des Nachrichtenmagazins „Der Spiegel" werden durchsucht und besetzt. Der Herausgeber, Rudolf Augstein, wird zusammen mit leitenden Redakteuren verhaftet. Am 30. November 1962 tritt Franz Josef Strauß als Verteidigungsminister zurück.

Volldampf voraus!

Von eurem Haus ging es wieder hinunter, fünfzig-, hundertmal hintereinander, das war egal, niemand zählte, wie oft ihr es an einem sonnigen Nachmittag geschafft habt, das waren Kategorien, die für später blieben.

Wichtig war nur der Wind in deinen Haaren, die Sonne auf der Nase, die Lippen trocken und feucht zugleich, du warst frei, du konntest so schnell sein und alles hinter dir lassen. Und später, da würdest auch du ein Rennrad haben.

Leberwurstbrote und Apfelschnitze

Obwohl im Jahr 1960 die Autoproduktion auf einen neuen Rekord stieg, hatten unsere Eltern meistens noch kein Auto. Wenn wir die Oma vom Zug abholten, durften wir manchmal eine Bahnsteigkarte lösen, um die neuesten Dieselloks bewundern zu können. Normalerweise aber mussten wir an der Bahnsteigsperre warten, bis die Oma uns in ihrem blauen Kostüm mit dem Federhut gefunden hatte.

Von Zeit zu Zeit fuhren wir mit der Eisenbahn in die nächste Stadt, die Mutter hatte dort eine Freundin. Für die Hinfahrt und auch den Rück-

*Noch gab es sie,
die gewaltigen Dampflokomotiven*

weg schmierte die Mutter einen Stapel Zugbrote und schälte Äpfel, die sie in Plastiktüten verstaute. Selten gab es gekochte Eier, weil die so schwierig zu transportieren waren und unangenehm rochen, von Zeit zu Zeit aber Bananen, wenn sie im Angebot gewesen waren. Zum Trinken packte sie nichts ein, damit wir nicht auf das Zugklo mussten. Kaum saßen wir auf den grünen Kunstlederpolstern, fragte die Mutter, ob wir Hunger hätten, wartete aber gar nicht auf die Antwort, sondern packte gleich ihre Schätze aus. Wir waren nicht hungrig, kamen wir doch gerade vom Mittagessen zu Hause, aber das zählte nicht. Sobald der Zug anruckte, mussten wir abbeißen vom Leberwurstbrot, dick bestrichen war es, im Gegensatz zum Abendessen. Die Äpfel waren leicht braun geworden. Die Schnitze umhüllte ein feiner schmieriger Film und oft rutschten sie uns, gar nicht ungelegen, einfach aus den Fingern. Eine halbe Stunde dauerte die Fahrt, aber wir mussten ja alles rechtzeitig wieder einpacken.

Mit der Eisenbahn an die Nordsee

Unsere erste richtige Urlaubsreise ging an die Nordsee, nach Norderney. Selbstverständlich mit der Eisenbahn, in einem modernen Abteilwagen. „D-Zug", hatte der Vater gesagt, „kostet Zuschlag". Die Koffer hatten unsere Eltern aufgegeben, um sich ganz ihrem Nachwuchs und seiner Verpflegung widmen zu können. Die Äpfel schälte die Mutter dieses Mal erst im Zug, damit sie nicht braun wurden, der Vater hatte sich nicht von gekochten Eiern abbringen lassen und von der Tube Löwensenf. Davon aber bekamen wir nichts, „von Senf wird man dumm", sagte die Mutter. Vor dem Fenster flogen Kühe und Bäume vorbei, und wir drückten uns die Nasen an der Scheibe platt. Nein, wir wollten nicht malen, auch nicht schlafen, wir wollten schauen, wie die Autos an den Bahnübergängen warteten, der neue R4 mit Heckklappe oder der VW-Bus, mit dem man so richtig in den Urlaub fahren könnte.

Unterwegs mit Brottasche

Unser Weg zum Kindergarten

Um halb acht mussten wir am gelben Briefkasten beim Heimathof sein, dort holte uns die Kindergartentante immer ab. Wir ließen unsere Brottäschchen am Riemen wild durch die Luft kreisen und warteten auf die Letzten, die schon alleine gehen durften. Unsere Mütter waren längst wieder fort, die kleinen Geschwister würden bald aufwachen und konnten nicht so lange alleine bleiben. Die Kindergartentante ermahnte uns, nicht auf die Straße zu rennen, obwohl weit und breit kein Auto zu sehen war. Nur ab und zu flogen vom nahe gelegenen Teich ein paar Enten auf.

Wenn wir endlich alle zusammen losliefen, fassten wir uns zu zweit an und gingen langsam und gesittet über die Straße und dann auf dem Bürgersteig entlang. Neben uns in der feuchten Wiese quakten die Frösche, die Dahlien standen in voller Blüte, bald war wieder Blüten- und Trachtenfest.

Oft haben wir gesungen, das sollte uns wohl von allerlei Unsinn ablenken. „Im Frühtau zu Berge ...", „Alle Vögel sind schon da" oder „Das Wandern ist des Müllers Lust".

An der Villa mit den beiden schwarzen Doggen spielten wir „leise sein" und die Kindergartentante lotste uns möglichst schnell vorbei. Die Hunde standen manchmal hinter dem großen Tor an der Einfahrt und bellten bis in unsere Mägen hinein.

Wenn wir kurz darauf an der Schule vorbeikamen, schimmerten die hohen Fenster in dem Backsteingebäude verlockend in der Morgensonne. Die letzten Schüler schlüpften schnell durch die schwere Eingangstür, bevor es zum letzten Mal schellte. Wir schauten auf unsere Brottaschen und wünschten uns richtige Lederranzen, in denen Füller und Radiergummis in ein Streitgespräch verstrickt waren.

Bei der großen Kreuzung an der Kaufhalle mussten wir stehen bleiben und ganz eng zusammenrücken, bis am Zebrastreifen das nächste Auto vorschriftsmäßig anhielt und uns hinüber winkte.

Im Kindergarten

Aus dem Bäckerladen duftete es verlockend nach frischen Brötchen und Schokolade, aber nun trieb uns die Kindergartentante zur Eile an, so dass uns kaum Zeit blieb, die Schaufensterauslage des Schreibwarenladens ausführlich zu studieren. Diese Hefte mit den bunten Umschlägen, so wusste man gleich, welches Fach dran war.

Der Apotheker mit seinem weißen Kittel stellte das große A mit der Schlange vor die Tür, beim Juwelier waren die Fenster noch vergittert, er machte seinen Laden immer erst später auf.

Als wir da waren, schloss sich das große Eisentor hinter uns. Erst mittags würden wir unsere Freiheit zurückbekommen.

Und immer so satt

Unsere Vermieter hielten Hühner. Ein Schwein hatten sie vor kurzem geschlachtet. „Ein neues kriegen wir wohl nicht mehr, wahrscheinlich besser so, macht zuviel Arbeit. Lohnt sich einfach nicht, heutzutage." Schade, wir hatten uns an das Quieken gewöhnt, genauso wie an die Hühner, die im Hof scharrten und vom Boden pickten, was sie fanden. Manchmal durften wir ihnen Körner hinwerfen. Im Spätsommer kletterten wir vom Dach des Hühnerstalls immer auf den großen Sauerkirschbaum, futterten uns Kugelbäuche an und trafen uns mit den Nachbarskindern, die über das Garagendach zu uns ins Geäst kamen. Oft hörten wir sie schon lange vorher von der anderen Seite rufen, aber wir mussten erst helfen beim Entsteinen der Sauerkirschen mit einer aufgebogenen Haarnadel. Wenn die Zeitungen im Februar 1961 meldeten: „Deutsche Hausfrauen kochen wieder mehr ein", konnten wir das aus leidvoller Erfahrung bestätigen. Immer fielen unseren Müttern kleine Aufgaben ein, mit denen sie uns beschäftigen konnten. Erbsen ausdöppen oder den Faden von den grünen Bohnen abziehen. Himmlisch aber waren die Himbeeren am Ende des Gartens oder die kleinen Birnen, die fast bis ins Gras hinunterhingen. Unseren Müttern gefiel das Salat-

Arbeit und …

beet besser, und sie fütterten uns fast jeden Abend mit dem Grünzeug, als ob wir Hasenfamilien werden sollten.

Wir waren immer satt und sollten doch immer mehr essen. Oft saßen wir in den Küchen auf den Fensterbänken und horteten Brotklumpen in den Backentaschen. Wenn es nur nicht so langweilig gewesen wäre! Seit Stunden kein Auto. Wenn wir die Brotklumpen herunterschluckten, schmeckten sie pappig. Graubrot. Wir fuhren mit den Zungen über die rauhen Stellen auf dem Zahnfleisch. Erhards Appelle zum Maßhalten schienen bei unseren Eltern nicht angekommen zu sein. Nur

… wohlverdiente Pausen

wenn die Großtante uns, kurz bevor es die ersten Frühkartoffeln gab, zum Pickert-Essen einlud, dann konnten wir nicht genug bekommen von den lappigen Kartoffelplätzchen mit Speck, die direkt auf der Platte von einem alten Kochherd gebraten wurden. Zu Hause hatten wir längst Elektroplatten, auf denen die Mütter das Essen im Wasserbad warm hielten, bis wir aus dem Kindergarten kamen.

Afrikanisches Jahr

Im Jahr 1960 erhalten 17 afrikanische Staaten von den Kolonialmächten Belgien, Großbritannien und Frankreich ihre Unabhängigkeit: Dahomey (Benin), Elfenbeinküste, Gabun, Kamerun, Kongo Brazzaville, Kongo (Zaire), Madagaskar, Mali, Mauretanien, Niger, Nigeria, Obervolta (Burkina Faso), Senegal, Somalia, Togo, Tschad, Zentralafrikanische Republik (Sambia, Malawi, Simbabwe). Die Aufteilung der neuen Staatsgebilde erfolgt ohne Rücksicht auf die alten Stammesgrenzen, heutige Konflikte haben oftmals immer noch hier ihre Ursachen. Politisch sind die neuen Staaten zwar eigenständig, bleiben aber in der Regel als Mitglied in der französischen Staatengemeinschaft (Communauté) bzw. im britischen Commonwealth. Wirtschaftlich sind die neuen afrikanischen Staaten unverändert weiter abhängig von den Mutterländern, die nach wie vor versuchen, in den Ländern jeweils ihre wirtschaftlichen Interessen zu wahren.

Kirmes

Auf und ab wippte dein Rock, als du zur Maikirmes gegangen bist. Es war warm, Sommer fast. Du wolltest Karussell fahren, sonst nichts, wenn nur das Kopftuch nicht wäre, aber

Aus heutiger Sicht sehr nostalgisch

Interessiert haben uns die bunten Kugeln von Anfang an

immerhin durftest du Kniestrümpfe tragen. Deine Oma, die zu Besuch war, hatte es durchgesetzt.

Du hast dich gleich auf das Motorrad gesetzt und am Gasgriff gedreht. Dann klingelte es und du bist hinausgefahren in die weite Welt. Deine Kniestrümpfe rutschten, die von deiner Freundin nicht.

Dann drehte sich das Karussell langsamer, du wolltest nicht absteigen, aber deine Mutter fasste an deine Knie, zu kalt, dabei hatte Oma schon bezahlt, du hast es genau gesehen. Das Karussell drehte sich wieder, du hast danebengestanden und auf die nächste Runde gewartet.

Kaugummiautomaten

„Aber nicht runterschlucken", sagten die Väter und drückten uns eine rote Kugel in die Hand, die wir vorsichtig in den Mund schoben und darauf herumlutschten. „Ihr müsst kauen", die Väter steckten noch einen Groschen in den Automaten und drehten. Heraus kam eine blaue Kugel, die sah ekelig aus, aber sie steckten sie in den Mund, „so", sagten die Väter und machten einen ganz breiten Mund, während die Lippen auf und zu gingen. Die rote Kugel in unserem Mund war rau geworden und schmeckte nach Erdbeer. Wir schoben sie in die Backentasche.

Die Väter stupsten an die Beule. „Kauen, habe ich gesagt! Schluckt das Kaugummi bloß nicht runter!" Vorsichtig schoben wir die Kugel mit der Zunge zwischen die Backenzähne und pressten die Lippen aufeinander. „Ganz locker müsst ihr sein, spitzt mal die Lippen und jetzt grinsen", sagten die Väter und machten es vor. Die Kugel rutschte nach vorne und war plötzlich wieder zwischen den Zähnen, die sie ganz platt drückten. Unwillkürlich begannen wir zu kauen und schluckten und kauten.

„Wenn der Geschmack weg ist, müsst ihr sie ausspucken", sagten die Väter.

Conny Froboess

Rita Pavone

Von Freddy Quinn über Heintje zum Bump

Ende der 50er und Anfang der 60er Jahre boten die deutschen Schlager den Träumen und Sehnsüchten der Mehrheit der Bevölkerung eine breite Basis. Freddy Quinn (Die Gitarre und das Meer), Heidi Brühl (Wir wollen niemals auseinandergehen) oder Nana Mouskouri (Weiße Rosen aus Athen) begleiteten mit ihren Liedern den Alltag und waren als Ohrwürmer nicht mehr wegzudenken. Freddy Quinn garantierte dabei mit seiner eigenen Biographie für die Wahrhaftigkeit seiner Texte. Von Zeit zu Zeit durfte es aber auch schon mal etwas frecher sein. Rita Pavone (Wenn ich ein Junge wär'), Conny Froboess (Zwei kleine Italiener) oder Bill Ramsey (Pigalle) sangen sich mit flotten Liedern in das Herz des Publikums. Und bis heute kommt bei jeder passenden Gelegenheit noch „Marmor, Stein und Eisen bricht" von Drafi Deutscher zu Ehren. Sangen die ausländischen Stars Anfang der 60er Jahre noch auf deutsch, änderte sich dies mit der Verschiebung der gesellschaftlichen Werte. Englische Titel eroberten auch in Deutschland die Hitparade, angefangen bei Nancy Sinatra (These Boots are made for Walking) über David Garrick (Dear Mrs. Applebee) bis hin zu Manfred Mann (Ha ha said the Clown), den Beatles oder den Beach Boys. Die Vorlieben der älteren Generation spiegelten sich wider in den Liedern von Heintje und erreichten 1970 noch einmal einen Höhepunkt, so dass die Frankfurter Allgemeine Zeitung schrieb: „Gegen Heintje können sich heute selbst Friedhofsverwaltungen nicht mehr sperren, wenn die letzten Wünsche der Toten erfüllt werden sollen." Doch der Siegeszug englischer Songs war nicht aufzuhalten. Die Geschmacksrichtungen variierten zwischen Rock und Pop. Die Rolling Stones lösten an der Spitze die Beatles ab, ABBA feierte mit „S.O.S." einen ersten Erfolg und Penny McLean kreierte mit dem Lied „Lady Bump" auch gleich noch einen neuen Tanz, der nachhaltig für blaue Flecken sorgte.

Kein Hausarbeitstag mehr für arbeitende Frauen

Am 28. März 1960 entscheidet das Bundesarbeitsgericht, dass ledige und alleinstehende Frauen nur dann einen Anspruch auf einen bezahlten Hausarbeitstag im Monat haben, wenn sie in einer eigenen Wohnung leben und eine Familie zu versorgen haben. Hausarbeit könne – nach den Argumenten der Arbeitgeber – an Wochenenden und nach Feierabend erledigt werden.

Vätermangel

Unsere Väter sahen wir oft nur am Sonntagnachmittag, „Hochkonjunktur", sagten sie und ‚Arbeitskräftemangel." Wir aber hatten nur einen Vätermangel. Morgens waren sie schon aus dem Haus, wenn wir aufstanden und abends wollten sie ihre Ruhe und die Füße hochlegen. Samstags aber, wenn wir keinen Kindergarten hatten, trugen wir ihnen den Henkelmann in den Betrieb, so war das Essen noch heiß und sie mussten es nicht aufwärmen. Wir durften bei ihnen bleiben, während sie aßen, und die Frau aus dem Büro steckte uns einen Riegel Schokolade zu. Die Väter wischten unsere Hände mit ihrem großen Schneuztuch ab, das immer ganz sauber war. Danach zeigten sie uns die großen Setzmaschinen, an denen die Bücher entstanden. Wie das klapperte und roch! Wir vergaßen die Zeit und erzählten den Müttern, wir hätten Überstunden gemacht, wenn wir erst nachmittags wieder nach Hause kamen. „Überstunden? Die macht Papa, damit wir uns eine größere Wohnung leisten können", sagten sie.

Mecki

Wer keinen eigenen Hund besaß, suchte sich einen, um den er sich kümmern konnte.

Vielleicht waren wir etwa gleich alt, als Kinder dachten wir nie darüber nach. Er hieß Mecki und war einfach immer da, wenn wir an der Hand unserer Mütter zum Milch holen gingen. Er wohnte in einem Eckhaus mit großem Garten, eine dichte Hecke ringsherum. Das wussten wir. Manchmal, da durften wir ihn streicheln. Das braune Fell war so weich. Unsere Hände glitten über seinen Rücken, ganz vorsichtig, wir redeten leise mit ihm, Mecki, flüsterten wir. Er guckte freundlich mit seinen schwarzen Augen. Wir fuhren mit den Fingern durch sein Fell, er legte sich auf die Seite und streckte sich. Langhaardackel, hatte die Nachbarin gesagt, der er gehörte.

Am Hals kraulen, das mochte er besonders gerne, es war ganz nah an seiner Schnauze. Wie die sich wohl anfühlte? Wir stupsten ihn mit dem Finger. Weich und kalt und ein bisschen feucht. Mecki knurrte, wir zuckten zurück, mussten wir einfach öfter machen,

Vielleicht waren wir gleich alt?

das Streicheln, damit er sich an uns gewöhnte. „Nachher müsst ihr euch die Hände waschen", sagten die Mütter, die wir ganz vergessen hatten.

Als wir Mecki zum ersten Mal spazieren führen durften, zog er an der Leine, aber wir waren genauso stark wie er. Er tat nicht, was wir sagten, aber wir ja auch nicht, was unsere Mütter wollten. Wir liefen zickzack auf der Straße, Autos fuhren nur manchmal.

1960 besaß jeder sechste einen Vogel, jeder fünfte einen Fisch, jeder dritte teilte sein Leben mit Hund oder Katze. Es gab sogar Hunde im Weltall, nur nicht bei uns im Wohnzimmer. So verlegten wir unsere Wünsche in die Ferne, schauten uns von dem Film „Serengeti darf nicht sterben" die bunten Bilder in der Zeitschriften an und träumten von Löwen, Giraffen und Elefanten. „Nein, auch ein Vogel kommt mir nicht ins Haus", sagten die Mütter, „an der Papageienkrankheit sind in Hamburg schon Menschen gestorben." Als in Ostpolen zum ersten Mal wieder Wölfe auftauchten, haben wir uns immer wieder das Märchen von „Rotkäppchen" vorlesen lassen, obwoh wir dafür eigentlich schon zu alt waren.

Wir waren viele Jahre jeden Nachmittag bei Mecki, haben uns die ersten Groschen verdient mit dem Ausführen. Er zog nicht mehr an der Leine, war älter geworden und kriegte graues Haar. Als wir uns kennen lernten, waren wir ungefähr gleich alt.

Prozess gegen Adolf Eichmann in Jerusalem

Am 23. Mai 1960 gibt der israelische Ministerpräsident David Ben Gurion bekannt, dass der israelische Geheimdienst Adolf Eichmann aus Buenos Aires entführt und in ein Gefängnis bei Haifa gebracht hat. Adolf Eichmann war im Dritten Reich für die „Endlösung der Judenfrage" zuständig. Nach seiner detaillierter Planung wurden die Juden in die Konzentrationslager abtransportiert und ca. 6 Millionen von ihnen systematisch ermordet. Israel hatte sich wegen des langwierigen und unsicheren Verfahrens dagegen entschieden, die argentinische Regierung um eine offizielle Auslieferung zu bitten. Der Prozess gegen Adolf Eichmann beginnt am 11. April 1961 in Jerusalem, bei dem er in einem kugelsicheren Glaskasten verhört wird, und endet mit der Verkündung des Todesurteils, das am 31. Mai 1962 vollstreckt wird, da keines der Länder, in denen Eichmann seine Verbrechen begangen hat, einen Auslieferungsantrag stellt.

Adolf Eichmann

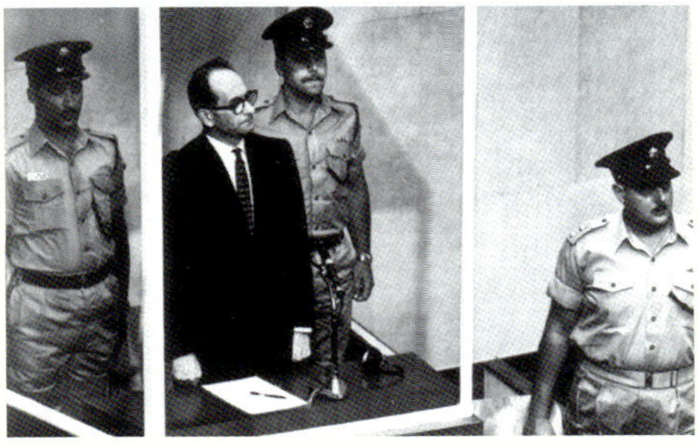

Vom Milchladen zur Wirtschaftsrezession

1963–1966

Das 7. bis 10. Lebensjahr

Milch mit Schaum

Draußen wäre es zu kalt zum Spielen, hattest du der Mutter gesagt. Aber dann schickte sie dich doch hinaus, zum Milch holen. „Einen Liter, nicht weniger, achte darauf, dass Herr König die Kanne wirklich voll pumpt. Bis zum Strich." Du bist vom Fensterbrett gesprungen und hast die Hand aufgehalten. Die Mutter schob dir den grünen Plastikhenkel und fünfzig Pfennig in die Hand. „Den Rest kriege ich wieder", sagte sie und drückte den Deckel fest auf die Öffnung. „Damit du ihn nicht verlierst." Sie stülpte dir eine Mütze über die Ohren, steckte die Handschuhe in die Anoraktaschen und schob dich zur Tür hinaus.

Herr König kam sofort in seinem weißen Kittel hinter der Käsetheke hervor und ging zur Milchpumpe. Er begrüßte dich wie immer sehr höflich. Oft waren keine Kunden im Laden, was sollte er also sonst tun. Du hast ihm die Kanne gereicht und dir die Hände gerieben. Es war noch nie so kalt gewesen. Ein Liter musste es sein, so viel passte in die Kanne, genauso viel habt ihr für einen Tag und vier Personen gebraucht.

Geschäftig schob Herr König den Ärmel etwas hoch und drückt einen silbrig glänzenden Hebel nach unten. Die Milch floss in einem dicken Strahl in die Plastikkanne und schäumte. Es roch säuerlich. Beim ersten Strahl Milch hörte es sich hart an, dann weich. Er legte den Deckel drauf und drückte ihn vorsichtig fest.

Chronik

22. Januar 1963
Bundeskanzler Konrad Adenauer und der französische Staatspräsident Charles de Gaulle unterzeichnen in Paris den deutsch-französischen Vertrag.

26. Juni 1963
Hunderttausende bereiten dem US-Präsidenten John F. Kennedy in Berlin einen begeisterten Empfang. Der Jubel nimmt kein Ende, als Kennedy bei einer Kundgebung vor dem Schöneberger Rathaus ausruft: „Ich bin ein Berliner!"

15. Oktober 1963
Der deutsche Bundestag in Bonn nimmt in einer feierlichen Sitzung Abschied von Bundeskanzler Konrad Adenauer, der vier Tage zuvor seinen Rücktritt eingereicht hatte.

10. September 1964
Auf dem Bahnhof Köln-Deutz wird der millionste Gastarbeiter, der durch Los ermittelte Portugiese Armando Rodrigues, mit einem Moped begrüßt.

10. Dezember 1964
Jean Paul Sartre lehnt als erster die Annahme des Literatur-Nobelpreises aus freien Stücken ab.

8./9. März 1965
Die USA schicken mit den so genannten „Ledernacken" erstmals Elitetruppen nach Vietnam. Schon beim ersten Einsatz Anfang April bei Da Nang erleiden 40 % der Soldaten unter den extremen klimatischen Bedingungen Kreislaufzusammenbrüche und Hitzschläge.

18. Mai 1965
Die britische Königin Elisabeth II. trifft zu einem elftägigen Besuch in der Bundesrepublik Deutschland ein und bestimmt während dieser Zeit die Berichterstattung in Funk, Fernsehen und Zeitungen.

9. August 1965
Die Nachfrage nach führerscheinlosen Motorfahrrädern, Mofas genannt, kann nicht befriedigt werden. Das Mofa darf maximal 25 km/h fahren und ist wie das Fahrrad mit Pedalen und Rücktrittbremse ausgestattet.

6. Juli 1966
Mao Tse-tung durchschwimmt den sechs Kilometer breiten Jangtsekiang und widerlegt damit Gerüchte über seinen schlechten Gesundheitszustand.

Die Milchkanne gehörte zum Einkaufen dazu

„So", sagte er und reichte die Kanne über die Theke. „Bekommt das Fräulein sonst noch was?"Heute hatte er nicht so kräftig gepumpt wie sonst. „Die Milch geht aber nicht ganz bis zum Strich! Die Mutter hat gesagt ..."

„Soso, die Mutter, das ist Schaum, kannst du ihr bestellen, der zählt auch. Hier noch fünf Pfennige, dein Rückgeld. Oder kriegst du noch eine Tüte saure Drops?" „Heute nicht." Vielleicht war es doch besser, die Milch in Tüten zu kaufen, davon hatte Tante Ilse, eine Freundin der Mutter, erzählt.

Draußen standen plötzlich die anderen Kinder aus eurer Straße. „Wetten, du traust dich nicht?" sagte Markus, der Sohn vom Pfarrer und schubste dich. „Wetten du traust dich

Typischer Tante-Emma-Laden in den 60er Jahren

nicht, die Kanne ohne Deckel kreisen zu lassen?" Markus stemmte die Hände in die Hüfte. Beim Krippenspiel war er Josef gewesen. Du hast ihm den Deckel in die Hand gedrückt und angefangen. Mit einem kräftigen Schwung, das war immer kritisch, dann schnell und immer schneller. Mit dem anderen Arm hast du dagegengedrückt und so die Geschwindigkeit noch gesteigert. Du konntest den Arm aber auch benutzen, die Kanne aus der Drehung abzufangen und mit einem blitzschnellen Griff mit der ruhenden Hand festzuhalten.

Die anderen klatschten und Markus brummte: „Okay, du bist dabei. Musst du eben sterben, wenn wir Eskimo spielen und du um sechs zu Hause Abendbrot essen musst."

Es war noch lange sehr kalt in diesem Winter, aber nie mehr zu kalt zum Spielen.

John F. Kennedy wird in Dallas erschossen

Am 22. November 1963 wird John F. Kennedy bei der Fahrt durch Dallas in einem offenen Wagen erschossen. Obwohl der liberale Senator des Nachbarstaates Arkansas Kennedy gewarnt hat, „Dallas ist ein gefährlicher Ort. Ich würde nicht dorthin fahren. Fahren Sie nicht!", setzt Kennedy seine Reise durch den US-Bundesstaat Texas zusammen mit seiner Frau Jacqueline und begleitet von Vizepräsident Lyndon B. Johnson von San Antonio über Houston nach Dallas fort. Der Präsident verspricht sich durch seinen persönlichen Besuch und den seiner Frau einen Zuwachs an Sympathie für die bevorstehenden Wahlen im nächsten Jahr. Tausende jubeln ihm auch in Dallas zu, und der Präsident sieht sich in seiner Strategie bestätigt. In Dallas wird wegen des herrlichen Sonnenscheins das kugelsichere Dach vom Präsidentenwagen, der extra aus Washington eingeflogen worden ist, entfernt. Der Präsidentenkonvoi folgt einer Route, die drei Tage zuvor in den Lokalzeitungen veröffentlicht worden ist. Als der Wagen das Stadtzentrum verlässt, fallen die tödlichen Schüsse. Acht Minuten später erreicht der Wagen das Krankenhaus, aber die Rettungsversuche kommen zu spät. Der Präsident ist tot. An Bord der Air Force One wird 98 Minuten später Lyndon B. Johnson zum neuen Präsidenten vereidigt. Neben ihm steht Jacqueline Kennedy im blutbefleckten Kostüm. Zwei Tage später erschießt der Nachtclubbesitzer Jack Leon Rubinstein, genannt Jack Ruby, den mutmaßlichen Mörder Lee Harvey Oswald, der aufgrund von Indizien festgenommen worden ist, die Tat jedoch bestritten hat.

Fast überall waren die Gewässer zugefroren und wir hatten viel Spaß daran

Unsere weiße Welt

„Jetzt kann man bei Hamburg sogar mit dem Auto über die Elbe fahren!“ Unser Vater schüttelte den Kopf und faltete die Zeitung zusammen. „Selbst der Bodensee ist zugefroren!“

Im Fernsehen hatten wir die Bilder gesehen von den Glühweinständen und den Würstchenbuden auf dem Eis. Selbst bei uns hatte es wieder geschneit, der Schnee lag bestimmt einen halben Meter hoch.

Wir hatten uns zum Schlittschuhlaufen verabredet und zogen nach dem Mittagessen unbemerkt von unseren Müttern mit Besen und Schaufeln los zum Ententeich. Die weiße Fläche des Sees breitete sich unberührt vor uns aus. Der Schnee lag locker, bislang war niemand darauf herumgelaufen. So fest es ging schnallten wir die Schlittschuhe an die alten Schuhe, auf die unsere Mütter immer bestanden, und begannen zu fegen und zu schaufeln. Nach einer Weile entstand ein riesiges Labyrinth. Bis zu den Hüften waren wir verdeckt von den weißen Massen. Es gab Kurven und Kreuzungen, und alle Wege endeten am Entenhaus, dort, wo der Teich nicht ganz zugefroren war. Die Enten schauten uns verwundert an. Über Stunden hatten wir keinen Gedanken an Kälte, wir froren einfach nicht. Immer wieder mussten wir fegen und freischaufeln, denn es hatte erneut zu schneien begonnen.

Es gab nichts außerhalb unserer weißen Welt. Wir Jungen und Mädchen spielten wieder fangen, obwohl wir dafür eigentlich schon zu groß waren und rutschten mit Besen und Schaufeln um die Kurven. Wenn wir uns unverhofft in die Arme fuhren, lachten wir uns halb tot. Wir glitten unsere Wege entlang, kamen an Kreuzungen, an denen sich der Schnee türmte und nahmen die Schaufeln, um neue Pfade zu graben. Und immer, wenn wir den Schnee beiseite geräumt hatten, schneite der Weg wieder zu und hatte auch gleich seine Bedeutung verloren.

Als wir am späten Nachmittag mit Schaufeln und Besen nach Hause zurückkehrten, wunderten sich die Mütter über unsere roten Wangen und die warmen Hände. Sie seufzten und sagten: „Wenn nur der Kohlenmann endlich käme, wir haben bloß noch ein paar Briketts im Keller."

Schultüte im Mai

Es war kühl draußen und wir trugen noch warme Mäntel und lange Strumpfhosen. In der rechten Hand hielten wir die Schultüte, die in der Sonne glänzte. Wie gerne hätten wir gewusst, was sich alles darin verbarg. „Erst wenn wir zurückkommen", hatten die Mütter gesagt. Die Väter machten mal wieder Überstunden, „dabei ist die Einschulung extra an einem Samstag", hatten die Mütter geseufzt. Sie nahmen uns an die Hand, als wir das Schulhaus betraten. Unser Klassenraum lag im Erdgeschoss auf der linken Seite. „Klasse 1b", sagten die Mütter, „merkt euch das."

Unsere Klassenlehrerin war ein Fräulein und trug die dunklen Haare streng nach hinten zu einem Knoten gekämmt. Die Mütter schoben uns weiter nach vorne, „hinten seid ihr nur abgelenkt", sagten sie. So saßen wir schließlich in der ersten Reihe. Die Mütter standen hinten und lehnten sich an die Wand. „Ruhe!" rief das Fräulein und klopfte mit einem Lineal auf ihr Pult. „Pssst", machten die Mütter an der Wand und wir drehten uns um. „So, nun schaut mal alle schön wieder nach vorne, da ist die Tafel, dort werde ich alles anschreiben, was ihr lernen müsst", sagte das Fräulein.

Endlich Schule!

Zum Glück dauerte es nicht mehr besonders lange. Dieses Mal zogen wir die Mütter an der Hand, hatten es eilig. Die Schultüte war mit einem Bändchen zugebunden, an dem wir nur ziehen mussten, das hatten wir schon genau gesehen. Endlich zu Hause, fanden wir Bonbons und Buntstifte, eine Tüte Glückstaler und einen Füller, Eisschokolade und einen Fünfmarkschein. „Der ist von Oma", sagten die Mütter, „und die Eisschokolade kommt gleich in den Kühlschrank." Wir suchten weiter, aber wir holten nur noch zerknülltes Papier heraus.

Ein Mädchen spielt nicht mit Autos

„Ein Mädchen spielt damit nicht! Außerdem gehst du jetzt in die Schule!" Deine Mutter zog dich wieder zu den Puppen. Du hast dich losgerissen und bist zurückgerannt zu den Autos, wo dein Bruder im Sportwagen vor sich hinbrabbelte.

„Du willst ein Auto?", fragte deine Mutter ihn. Sie nahm dir den schwarzen Ferrari aus der Hand und gab ihn deinem Bruder. „Was willst du?" fragte meine Mutter nochmal und ging zu den Puppen zurück. Du hast den Kopf geschüttelt, eine Puppe hattest du, das war schon zu viel und dafür musstest du nicht in den Spielzeugladen gehen. „Dann kriegst du eben nichts, wenn du nicht hören kannst!" Zu Hause knabberte dein Bruder am Ferrari herum. „Pass auf, dass er nicht alles in den Mund nimmt", sagte deine Mutter zu dir und ging in die Küche. Du hast deinem Bruder die Puppe in die Hand gedrückt, und er ließ das Auto fallen. Die Türen ließen sich öffnen, wie bei einem richtigen Auto. Du hast den Ferrari über das Linoleum flitzen lassen. An der Wand prallte er gegen ein Kissen, das du dort hingelegt hattest. Schnell war er, so stelltest du dir das Leben vor, schneller als jetzt. Und bei jedem Mal hast du mehr Schwung geholt. Brum, brumm, sssst. Stille. Bestimmt gab es einen lauten Knall, wenn er gegen die Wand krachte. Dein Bruder krabbelte mit der Puppe im Schlepptau auf dem Boden herum. Brum, brumm, sssst, peng! Jetzt hattest du einen Moment nicht aufgepasst, dein Bruder hatte die Puppe auf das Kissen gelegt und streichelte sie, lieb sein, lieb, sagte er, als deine Mutter ins Zimmer stürzte.

„Was war das? Und was soll denn das? Ein Mädchen spielt nicht mit Autos, das habe ich dir doch schon gesagt! Merk dir das, sonst wird das schwierig in der Schule." Sie gab deinem Bruder das Auto, nahm die Puppe vom Kissen und setzte sie wieder auf dein Bett. Dein Bruder heulte, und du hast mit dem Fuß aufgestampft. Dein Bruder heulte lauter und warf das Auto gegen die Wand. Das schöne Auto!

Ferrari Matchbox Auto

Als dein Bruder größer war, bekam er von allen Leuten Matchbox-Autos geschenkt und du jedes Mal eine Puppe, die er mit größter Sorgfalt an- und auszog, während du getestet hast, ob Porsche oder Ferrari schneller waren. Wenn eure Mutter ins Zimmer kam, habt ihr einfach die Plätze getauscht. Vielleicht wäre alles ganz anders gekommen, wenn eure Mutter damals nicht immer das Radio hätte laufen lassen. Rita Pavone sang seit Monaten „Wenn ich ein Junge wär" und eure Mutter hatte nichts gemerkt.

Das große Abenteuer

Sommerferien. Seit Wochen nichts als Sonne. „Hitzewelle" las euer Vater aus der Zeitung vor. „Gut, dass wir nicht in den Urlaub gefahren sind. Zu Hause ist es doch am schönsten!"

Heute würden wir es tun, so hatten wir Jungen es verabredet. Der Weg zum Freibad schien kein Ende zu nehmen. Wir rannten um die Wette. Schon gleich drei. Um sechs gab es Abendessen. Dann würden wir es den Eltern erzählen. Der Wind fuhr durch unsere Haare, im Freibad roch es nach frisch gemäh-

Freibad war das Größte!

tem Gras. So schnell waren wir noch nie umgezogen gewesen.

Im großen Becken waren fast keine Leute, alle im Urlaub, nur wir nicht. Wir schwammen zwei Proberunden, konnten es noch, wir würden es tun und nickten uns zu. Jetzt. Schnell stiegen wir aus dem Wasser, der warme Wind strich über unsere Haut, und wir rannten zum Bademeister.

„So", sagte er, „ihr wollt also heute euren Freischwimmer machen. Wissen eure Eltern das?" Wir nickten heftig mit dem Kopf. „Und ihr schafft das, eine Viertelstunde?" Wir nickten heftiger. „Ihr seid alle schon sieben, nicht wahr? Dann geht ihr schon in die Schule. Und ihr traut euch, vom Ein-Meter-Brett zu springen?" Wir lachten und hüpften herum, das Ein-Meter-Brett, das war leicht.

Der Bademeister holte seine Stoppuhr und nickte uns zu. „Bleibt in der Nähe des Beckenrandes", sagte er noch und ging eine Weile neben uns her. Wir schwammen im Gänsemarsch und versuchten, uns die Zeit nicht vorzustellen. Das sollte helfen. Und immer ruhig atmen. Manchmal sackten wir ein wenig zu tief, schluckten Wasser, aber wir schwammen weiter. Der Bademeister hatte sich auf eine Bank gesetzt und beobachtete ein paar Federwolken. Wir beobachteten nun doch jeder heimlich den Zeiger der großen Uhr, als wir zurück schwammen. Noch zehn Minuten. Warum verging die Zeit manchmal langsam und manchmal schnell? Neben uns spritzte es, ein fremder Junge war mit seinem Po zuerst ins Wasser geplatscht. Der Bademeister rief etwas, was wir nicht verstehen konnten, weil unsere Ohren voller Wasser waren. „Wenn ihr denkt, es geht nicht mehr, müsst ihr singen", hatten wir verabredet, „nicht richtig, nur so im Kopf, damit ihr kein Wasser schluckt. Wir müssen es schaffen, zusammen." Noch fünf Minuten, noch eine Beckenrunde. Wenn nur das Wasser kühler gewesen wäre. Da winkte uns der Bademeister aus dem Wasser. Jetzt schon? „Ihr habt es geschafft, nun noch der Sprung, dann schreibe ich euch die Ausweise und hole die Abzeichen." Wir kletterten nacheinander auf die Wippe, das Gummi unter den Füßen war rau und heiß. Und wir sprangen und machten dieses Mal die Augen nicht zu, jetzt hatten wir den Freischwimmer.

Beim Abendessen platzten wir fast, redeten dann doch mit vollem Mund los, legten den Ausweis und das Stoffabzeichen auf den Esstisch und stellten uns vor, wie es die anderen machten. Das Abzeichen mussten unsere Mütter gleich morgen an die Badehosen nähen. Die Mädchen würden Augen machen!

„Was da alles hätte passieren können! Wären wir nur an die Nordsee gefahren", sagten die Mütter. Es waren Sommerferien mit nichts als Sonne.

DRrrrr – Die Nähmaschine

Das Fenster war offen. DRrrrrrr. Die Mütter nähten. Wir standen vor der Haustür, hielten den Schlüssel in der Hand. DRrrrrrr. Das waren Gardinen. Heimarbeit. DRrrrrrr.

Unsicher schlossen wir die Wohnungstür auf. Den Schlüssel hatten wir noch nicht lange. Die Holzdielen im Flur bebten. DRrrrrrr. Wir dachten schneller, atmeten im DRrrrrrr-Rhythmus, von ganz tief unten nach ganz hoch oben.

In der Küche waberte der Geruch dicker Bohnen, wir kriegten keine Luft und rannten zum Fenster, wo die Nähmaschine DRrrrrrr machte, aber plötzlich schwieg. Wir würgten. Die Mütter schauten uns verwundert an, sagten aber nichts. Dabei wussten sie, dass wir dicke Bohnen auf keinen Fall essen konnten.

Auf dem Küchentisch lag die hellgrüne Bügeldecke, war etwas zur Seite gezogen, aber am

Die wenigsten Mütter waren erwerbstätig

Rand stand heute noch kein Teller. Wir hatten mal wieder früher Schulschluss gehabt und uns schwirrte der Kopf vom vielen Reden. Bald gab es Zeugnisse, dann war die erste Klasse zu Ende. Bald war auch Weihnachten.

Das Bügeleisen knackste leise. DRrrrrrr. Auf dem Herd klapperte der Teller im Wasserbad. Gardinen bauschten sich auf dem Küchenlinoleum, reckten sich in die Höhe, wiegten sich wie eine Kobra, das Bügeleisen zischte. DRrrrrrr. Schnipp. Wir rieben uns die Augen und hielten die Luft an. Sahen wie der Fadengeber an der Nähmaschine sich wieder nach unten bewegte, zögernd, dann hoch und nach unten sauste DRr - drrrr – DRrrrrrr. Der Fußboden schien sich unter dem Küchensofa hervorzuwölben. Uns wurde schwindelig vom Auf und Ab der Nähnadel. DRrrrrrr machte die Nadel, hörte sich abgebrochen an.

Die Mütter standen auf und holten die Teller vom Herd. Für uns gab es Kartoffeln und Möhren, und wir atmeten erleichtert auf.

Schuhe putzen macht nun wirklich keinen Spaß

Und wie das riecht!

Zum Schuster bist du immer gerne gegangen, das Haus lag etwas zurückgesetzt von der Straße, du musstest durch den Vorgarten gehen, konntest am Anfang die Tür kaum öffnen, weil sie so schwer war. Es klingelte, aber wenn seine Frau gerade in der Küche war und er in einem kleinen Raum neben der Verkaufstheke das Werkzeug in der Hand hielt, musstest du warten. Wie gerne hast du dich geduldet, tief diese Mischung aus Schuhcreme, Öl und Leder eingesogen, den Schuster heimlich beobachtet, wie er auf den Sohlen herumklopfte, sie an eine Maschine hielt und die Ränder glatt schliff. Er trug immer eine Lederschürze über dem grauen Arbeitskittel und war stets freundlich. In den Regalen lagerten die Schuhe, versehen mit einer Nummer, eingewickelt in Zeitungspapier. Du hast dich oft gefragt, was wohl mit ihnen geschah, wenn sie nicht abgeholt wurden. Viele Leute hatten damals begonnen, ihre Schuhe einfach wegzuwerfen, denn wenn die Sohlen abgelaufen waren, waren sie meist auch aus der Mode gekommen. Die Zeiten waren im Umbruch, dein Vater arbeitete samstags eigentlich nicht mehr, aber er machte Überstunden, ihr wolltet ein Haus bauen und du hast die Schuhe der Familie zum Schuster gebracht. Wenn du sie zu Hause aus dem Papier gewickelt hast, sah man ihnen ihr Alter nicht mehr an. Die Sohlen waren blank und unbenutzt, wie aus dem Laden, der Absatz hatte gerade scharfe Kanten. Der Schuster hat auch deinen Schulranzen genäht, den hattest du gebraucht bekommen von Verwandten, und die Nähte platzten bald das erste Mal auf. Er setzte sich an eine Nähmaschine hinter der Verkaufstheke, die Maschine lief ganz langsam und bedächtig, wenn er das Pedal trat.

Immer wieder sonntags: Bonanza

Der Western „Bonanza" bricht alle Einschaltquoten. Viele Familien verbringen den Sonntagnachmittag vor dem Fernseher, wenn Vater Ben, Adam, Hoss und Little Joe als Familie Cartwright bei der Arbeit auf der Ponderosa-Ranch in Nevada gezeigt werden. Für jeden ist eine Identifikationsfigur dabei: Vater Ben, Pa genannt, ist immer ein vorbildlicher Vater und niemals ohne Weste zu sehen. Adam, der Älteste ist besonders hübsch und kommt leider etwas zu ernsthaft daher. Der dicke Hoss trägt stets einen breitkrempigen Cowboy-Hut, ist ungemein liebenswert und ein wenig tolpatschig. Und das Nesthäkchen Little Joe betört alle mit seinem Charme und trifft den draufgängerischen Ton der Jugendlichen.

Die Stadtbücherei, z. B. in Wiesbaden

Die angekokelte Bettdecke

Abends lagen wir im Bett und lasen. Winnetou II, wir mussten wissen, wie es weiterging.

„Nun macht aber das Licht mal aus! Ihr könnt euch sonst gar nicht konzentrieren, morgen in der Schule." Die Mütter steckten den Kopf zur Tür herein und warteten.

Wütend drückten wir den Lichtschalter von der Nachttischlampe. Klack. Das Buch lag neben uns, aufgeschlagen. Manchmal nahmen unsere Mütter es uns weg. Dann hatten wir verloren. Wir warteten. So lang war die Zeit nie, wenn wir lasen. Die Mütter waren nicht zu hören. Saßen wohl vor dem Fernseher. Wir durften nichts riskieren und hoben die Bettdecke etwas an, langsam, ganz vorsichtig zogen wir die Lampe heran. Jetzt, aufpassen, die Kante vom Nachttisch. Geschafft. Wir warteten. Fanden uns so gut wie Winnetou beim Anschleichen. Lauschten. In unseren Ohren rauschte es. Wir husteten leise und drückten geschmeidig den Lichtschalter. Bewegten uns nicht. Es war schummrig unter der Decke.

Eines Abends, es muss eine spannende Stelle in Winnetou gewesen sein, roch es plötzlich nicht mehr nach Lagerfeuer, sondern nach verbranntem Stoff. Was haben wir uns erschrocken. Die Lampe ließ eines ihrer Plastikohren hängen, am Bettbezug war ein braunschwarzer Fleck. Ob wir den auswaschen konnten? Die ganze Nacht konnten wir nicht richtig schlafen, hatten Angst, die Decke würde wegschmoren und wir im Bett verbrennen. Aber die Mütter sagten nichts.

Lesen lernen mit der Ganzheitsmethode

Sollen die Schüler zunächst nur Buchstaben lernen und sie Lauten zuordnen oder von Anfang an ganze Wörter? Dieser Streit schwelt auch 1966 noch, obwohl sich die Ganzheitsmethode immer mehr durchsetzt. „Heiner fährt Roller", lernen die einen und bekommen dafür in ihrer Fibel ein entsprechendes Bild gleich mitgeliefert. Der Sinnzusammenhang ist somit klar und die Befürworter der Buchstaben- oder Lautiermethode, die der Ganzheitsmethode vorwerfen, sie lasse die Schüler raten anstatt ihnen Sinnzusammenhänge beizubringen, können sich auf Dauer nicht durchsetzen. Dabei kann die Buchstabenmethode durchaus sehr viel sinnlicher sein, wenn sie interessant vermittelt wird: Das „M" zeigt einen Maikäfer von der Seite und man spürt es förmlich krabbeln. Das „O" sieht aus wie eine Weihnachtskugel und genauso staunen die Kinder, wenn sie vor dem Tannenbaum stehen.

Bruchwürstchen

„Schnell, fahr noch Bruchwürstchen holen! Ich hab Erbsen mit Wurzeln und Kartoffeln auf dem Herd stehen!" Die Mutter drückte dir fünf Mark in die Hand. Du bist auf dein Fahrrad geklettert und in die Pedalen gestiegen. Gerade noch rechtzeitig, bevor die Tür geschlossen wurde, bist du in den Laden geschlüpft. Es war ein Uhr.

„Vier Bruchwürstchen, bitte."

„Die sind alle, gibt's auch nicht mehr! Wir machen zu!"

„Aber unsere Erbsensuppe!"

„Karl, war da nicht noch ein Stück Knochenschinken? Und schau mal in der Zinkwanne, da sind auch noch Würstchen."

Die dicke Berta kam um die Theke herum und drückte dir ein dickes Päckchen in die Hand. „Geh jetzt! Wir machen zu."

Du konntest den Knochenschinken durch das Papier fühlen. „Aber, so viel Geld hab ich nicht", hast du gesagt.

"Nimm alles so mit, wir machen zu, für immer." Die dicke Berta schob dich zur Tür hinaus.

„Ich hab auch Schinken", hast du zur Mutter gesagt, die schon in der Wohnungstür auf dich wartete.

„Bist du wahnsinnig? Und was sollen wir morgen essen?"

„Ich hab nichts bezahlt, die machen zu."

„Und wo kriege ich dann meine Bruchwürstchen her?" Die Mutter riss dir das Päckchen aus der Hand und steckte die Nase in das Papier. „Wo soll das nur hinführen, wenn die Geschäfte einfach schließen", seufzte sie, „und die Politiker Schulden machen."

Heinz Schenk moderierte ab 1966 den „Blauen Bock"

Robert Lembke: „Was bin ich?"

Heiteres Beruferaten am „Fuß der blauen Berge" bis „Drei nach neun"

Anfang der 60er Jahre wurde der Fernseher zum unverzichtbaren Freizeitpartner. Besonders beliebt waren die zahlreichen Unterhaltungs- und Quizsendungen. **„Musik aus Studio B"**, sendete Chris Howland. **„Was bin ich?"**, fragte Robert Lemke im heiteren Beruferaten. **„Vergissmeinnicht"** sagte Peter Frankenfeld und nahm vom Butler seinen Mantel in Empfang. **„Vorsicht Falle"**, warnte Eduard Zimmermann und **„Zum blauen Bock"** lud 1964 Otto Höpfner ein. Die Fernsehlotterie **„Ein Platz an der Sonne"** tut bis heute viel Gutes, **„Einer wird gewinnen"**, sagte Hans-Joachim Kulenkampff und drohte mit dem Zeigefinger. Den **„Goldenen Schuss"** präsentierte Lou van Burg, bis es ihn selbst traf. Aus dem amerikanischen TV wurde Spannung mit Western- und Abenteuerserien importiert. So ritten die Zuschauer zum **„Fuß der blauen Berge"** oder am späten Sonntagnachmittag auf die Ranch der Cartwrights. Man traf sich zum gemeinsamen Fernsehabend, zu Durbridge-Krimis oder zum Stahlnetz. Der Absatz von Hausschuhen stieg, ebenso der Verkauf von Salzstangen und Knabbergebäck. Ab Mitte der 60er Jahre machten Spielfilme den Unterhaltungssendungen zunehmend Konkurrenz. Die deutsche Science-Fiction-Serie **„Raumpatrouille Orion"** setzte ein kleines Gegengewicht zu **„Raumschiff Enterprise"**. Im deutschen Fernsehen war Richard Kimble mehrere Jahre auf der Flucht und **„Mit Schirm, Charme und Melone"** spielten sich Emma Peel und John Steed einen festen Platz ein. Im Fernsehprogramm sollte wie im Warenhaus jeder das finden, was er konsumieren wollte, wobei die Tendenz zur Harmonie in allen Familienserien auf wachsende Kritik stieß. 1969 zog mit der Mondlandung das Weltgeschehen live in die deutschen Wohnzimmer ein. Dieter Thomas Heck hielt mit der **„Hitparade"** noch Ende der 60er Jahre die deutschen Schlagertexte hoch, und bei einer Umfrage 1970 wünschten sich die Zuschauer viel Unterhaltung und etwas Information vom Fernsehen. Erst ab 1971 eroberten Politmagazine wie **„Kennzeichen D"** und **„Brennpunkt"** das Programm. Im Kinderprogramm setzte die **„Sesamstraße"** ein Gegengewicht zu **„Flipper"**, **„Fury"** und **„Lassie"**, und ab 1975 waren Talk-Shows wie **„Drei nach neun"** zunehmend gefragt. Die Sendung **„Vorsicht Kamera"**, ursprünglich mit Chris Howland, wird übrigens bis heute ausgestrahlt.

Kurzschuljahre mit Selbstbedienung

1967-1970

Das 11. bis 14. Lebensjahr

Kurzschuljahre

Der Weg weitete sich auf der Höhe, und das heisere Krächzen der Rabenvögel verlor sich in den Baumwipfeln. Selbst von der Aussichtsplattform des Holzturms konnten wir Mädchen den Fluss nicht sehen. Rauer wehte der Wind hier oben. „Lehnt euch nicht so weit vor", sagten die Mütter und zogen euch zurück vom Geländer. Die Geschwister hüpften auf den Holzplanken, und es dröhnte durch das Holzgerüst. Realschule! Realschule! Bis zuletzt hatten wir gehofft, dass es ein Wunder geben würde und wir doch noch aufs Gymnasium durften. Aber die beiden Kurzschuljahre hatten uns keine Chance gelassen. Zwar stand im Abschlusszeugnis der Volksschule zum ersten Mal kein „schwatzhaft" bei „Beteiligung am Unterricht". Aber das war zu spät gewesen. Der Stempel von der Realschule war schon im Mai auf dem Zeugnis von der dritten Klasse gelandet. Und da konnten alle lesen: „... ist oft abgelenkt." Wir hätten nur etwas mehr Zeit gebraucht, wollten uns ja ändern, brav sein, hatten sogar Blockflöte gelernt, um die Musiknote zu verbessern, aber das war später nicht berücksichtigt worden. „Befriedigend" haben wir gesungen, dabei hieß das eigentlich „tüchtige Leistungen des guten Durchschnitts". Musik, Rechnen und Raumlehre und Sport, da hatte es nur zu einem „befriedigend" gereicht, aber sonst waren wir „gut", also „merklich über dem Durchschnitt stehend", so stand es in der Erklärung der Notenstufen. Aber eben nicht gut genug.

Chronik

2. Juni 1967
In Berlin wird bei einer Demonstration gegen den Besuch des persischen Schahs der Student Benno Ohnesorg von dem Polizisten Harald Kurras erschossen. Kurras wird später zweimal frei gesprochen.

5. Juni 1967
Der dritte israelisch-arabische Krieg (Sechstagekrieg) beginnt mit einer Offensive der Israelis, die neben den Golanhöhen, dem Westjordanland, dem Gazastreifen auch die Halbinsel Sinai erobern können.

4. April 1968
Bei der Vorbereitung einer Demonstration wird der schwarze Bürgerrechtler und Friedensnobelpreisträger Martin Luther King auf dem Balkon seines Hotels erschossen.

11. April 1968
Rudi Dutschke, einer der Führer der Außerparlamentarischen Opposition, wird bei einem Attentat in West-Berlin lebensgefährlich verletzt.

3. Oktober 1969
Die SPD kann bei den Bundestagswahlen am 28. September Stimmen gewinnen. Willy Brandt bildet eine sozialliberale Koalition und wird erster SPD-Bundeskanzler.

15. Oktober 1969
Nach dem Bekanntwerden des Massakers von My-Lai protestieren mehrere hunderttausende Menschen in den USA und Europa gegen den Vietnamkrieg.

24. November 1969
Die USA, die Sowjetunion und Großbritannien ratifizieren den Atomwaffensperrvertrag und auch Deutschland unterschreibt neben 21 weiteren Ländern den Vertrag, der im März 1970 in Kraft tritt.

12. Januar 1970
Mit der Kapitulation Biafras endet der Bürgerkrieg in Nigeria, bei dem 1,5 Millionen Menschen verhungern und 500 000 Menschen durch die Kämpfe ums Leben kommen.

7. Dezember 1970
In Warschau wird der deutsch-polnische Vertrag unterzeichnet, mit dem die Oder-Neiße-Linie als Westgrenze Polens durch Deutschland anerkannt wird. Vor der Unterzeichnung kniet Willy Brandt am Denkmal des Warschauer Ghettos für eine Gedenkminute nieder.

In der Dorfschule lernten Große und Kleine noch gemeinsam

Die Julisonne brannte vom Himmel, und alle Freundinnen waren im Freibad. Dieses Jahr hatten wir nur vier Wochen Sommerferien. Wir haben uns über das Geländer gebeugt und senkrecht nach unten gesehen. Trockenes Gras, Schotter, der Waldweg.

„Träumt nicht schon wieder!" riefen die Mütter. „Wir gehen jetzt! Sonst wird es zu spät bis zum Abendessen. Ihr dürft nachher auch noch den ‚Goldenen Schuss' mit angucken, und wir ziehen zusammen Bohnen ab. Die waren ja so günstig. Dabei sind es die ersten. Und morgen kochen wir Apfelmus ein, Bodenseeäpfel, die meisten werden weggeworfen, so viele Äpfel. Stellt euch das mal vor." Lou van Burg und seine Späße. Und immer einen Apfel dabei. Aber es waren Ferien, und wir durften länger aufbleiben als die kleinen Geschwister. Wir haben gehört, wie die Mütter mit ihnen die Holztreppen hinuntergingen, auf jeder Plattform hüpften sie, und es dröhnte durch den Turm. Realschule! Realschule. Viermal. Sie waren unten. „Zum

Glück haben wir kein Contergan genommen und sie sind gesund", hatten die Mütter mal gesagt. Wir haben die Augen geöffnet und uns weit über das Geländer gebeugt. Vier richtige Schuljahre hätten wir gebraucht. Wind strich durch die Tannenwipfel. Kommt runter, trug er zu euch hinauf. Wir würden neu anfangen, in der Realschule wusste niemand von unseren Einträgen im Zeugnis.

Dreigeteilt niemals

Auf dem Schulweg kamen wir immer an einem Blechschild vorbei, auf dem „Dreigeteilt? Niemals!" stand und vor dem wir oft stehen blieben und grübelten. Wir sahen eine Deutschlandkarte, so viel wussten wir schon, ein Land, das von roten senkrechten Strichen durchzogen war. Unter dem schwarz-rot-goldenen Blechschild hing ein Bär mit einer Kilometerangabe, wie weit es nach Berlin war. In der Schule hatten wir nun Englisch und Geschichte, lernten etwas über die Frühkulturen der Menschheit. Später kamen Chemie und Physik dazu, das römische Reich, das Mittelalter und die französische Revolution.

Das Blechschild hing weiter an seinem Platz am Zaun neben der Schule und wir grübelten. Sicher, es gab außer der BRD noch die DDR, soviel hatten wir mitbekommen aus dem Fernsehen, und unsere Deutschlehrerin hatte uns erzählt von Danzig und vom Haff. Da war sie geboren worden. Aber was bedeutete es wirklich dieses „Dreigeteilt? Niemals!"? Wir lebten in der Bundesrepublik Deutschland und Ostern, Pfingsten und Weihnachten durften wir in die DDR reisen, wenn wir dort Verwandte hatten. Das war schon lange so. Wir waren geteilt, aber wir fühlten uns nicht so. Die Welt zerfiel in Ost und West, auch Jerusalem war geteilt, Korea und Vietnam ebenfalls. Ho-Ho-Ho-Chi-Minh skandierten die Studenten im Fernsehen. Einer war neulich von einem Polizisten erschossen worden. Wir hätten gerne gewusst, warum. Aber niemand wollte darüber reden. Wer demonstriert, ist selbst Schuld. Im Fernen Osten war Krieg, aber bei uns nicht. Am 17. Juni hatten wir schulfrei, Tag der deutschen Einheit, sagten die Lehrer, aber sonst nichts. Der Rektor drückte uns Sammelbüchsen in die Hand und sagte nur: „Ihr wisst schon, dreigeteilt – niemals! Sonst dreht der Alte", er stockte, „ich meine natürlich Konrad Adenauer, ihr wisst schon, sich im Grabe um!"

Irgendwann bekam das Blechschild ein paar Dellen. Steine werfen und zielen üben, das war eine gute Idee, fanden wir. Aber bald wurde uns langweilig, weil es die Erwachsenen nicht zu interessieren schien. Nur der Rektor hatte bei einer Feierstunde in der Aula mal erwähnt, dass man Werte achten solle. Das Blechschild hing weiter am Zaun herum. Etwas schief zwar, aber es begleitete uns jeden Morgen in die Schule, in die große Pause, in der wir heimlich vom Schulgelände flohen wie Che Guevara, der auch erschossen worden war. Wir kauften uns im Tante-Emma-Laden Drops und manchmal einen Schokoladenriegel.

Gemeinschaftskunde hielt als neues Fach in unseren Stundenplan Einzug und wir lernten die Demokratie, die gab es in der DDR nicht. So gerüstet, ließen wir später das Blechschild zurück, „Dreigeteilt? Niemals!" was das genau bedeutete, verschwieg die Schule uns.

Erste Herztransplantation

Dem Südafrikaner Christiaan N. Barnard gelingt am 3. Dezember 1967 die erste Transplantation eines menschlichen Herzens. Viele sind nun überzeugt, dass sich alle Organe des Menschen mit Ausnahme des Gehirns in naher Zukunft austauschen lassen werden. Auch der Vatikan äußert sich zu der ersten Herzverpflanzung und erklärt, dass sie uns näher an die Vorstellung heranbringe, dass Leben nicht aus den Organen stamme", weil unsere Persönlichkeit aus einer inneren und unsichtbaren Kraft besteht: der Seele. Der chirurgische Eingriff rührte an ein Tabu, da seit Menschengedenken das Herz von Magie und Mythen umwoben ist. So ist eine Sitte bei Naturvölkern weit verbreitet, das Herz eines wilden Tieres zu essen und damit seine Stärke und Kraft zu gewinnen. Der Mensch als Ersatzteillager, diese Vision drängt sich zunächst auf, obwohl der 55-jährige Südafrikaner Louis Washkansky 18 Tage nach der Operation an einer Lungenentzündung stirbt. Alle Versuche, ein Herz zu transplantieren, sind aber auch in den Jahren danach nicht auf Dauer von Erfolg gekrönt, da die immunbiologischen Reaktionen durch Medikamente besonders wirkungsvoll unterdrückt werden müssten, weil das Herz auf keinen Teil seiner Gewebemasse verzichten kann.

Das beliebte Rate-Spiel

Mensch ärgere dich nicht

„Holt die Schachtel aus dem Wohnzimmerschrank", hatte die Mutter aus der Küche gerufen. Oma war wieder mal zu Besuch, heute am Buß- und Bettag.

Und schon hatte der Bruder dir die schwarzen Spielfiguren zugeschoben. Oma fing an, sie war die älteste, der Bruder war als jüngster das letzte Mal dran gewesen, du warst in der Mitte und nie etwas Besonderes. Dicht gedrängt standen die Figuren im Pott. Du hast dir ein zweites Paar Würfel genommen, das brachte Glück. Die Mutter holte den Kakao für den Bruder und dich und stellte das Radio an. Aus dem Wohnzimmerschrank brachte sie noch den Dujardin, für Oma, betonte sie und stellte zwei Gläser auf den Tisch.

„Und nehmt von den Rosinenbrötchen, mit ganz frischer Butter, hab ich extra für euch mitgebracht, von der letzten Butterfahrt", sagte Oma und langte zu. „Das war vielleicht ein Wetter, als wir mit dem Schiff von Wilhelmshaven rausgefahren sind. Bis dahin bin ich ja immer mit der Bahn unterwegs, ihr wisst schon, der Opa, unser alter Eisenbahner, drei Freifahrten habe ich dieses Jahr noch, dabei ist es fast schon zu Ende."

Auch die Erwachsenen liebten es, „Mensch ärgere dich nicht" zu spielen

Die Mutter nahm sich einen Stuhl und setzte in aller Ruhe eine Figur nach der anderen aus dem Pott. Aber Oma gewann, hatte längst alle am Laufen, Roy Black sang „Frag nur dein Herz", und Oma summte mit. Die Würfel lagen in deiner Hand und waren warm. Der Bruder setzte eine Figur raus und flog gleich wieder raus. Er verbrannte sich die Zunge am Kakao und zappelte herum.

„Pass doch auf", sagte die Mutter, als du Oma umgewürfelt hast. Aber die wusste immer, wo sie stand. Dein Bruder rührte heftig in seinem Kakao, „nicht so wild", sagte die Mutter zu dir, als du die Gläser ein Stück weg gestellt hast. Die Mutter warf eine sechs und Oma flog dieses Mal richtig raus. „Da!" sagte deine Mutter zu ihrer Mutter. „Da! Jetzt hast du es!" Deine Mutter würfelte noch eine sechs.

„Die macht 'nen Durchmarsch!" rief Oma. „Kinder, wir müssen zusammenhalten, werft sie raus!" Aber Oma war nicht dran. „Lass das doch", sagte Oma, als du die Würfel wie dein Bruder zwischen den Händen geschüttelt, nach den Augen getastet und sie auf den Tisch geworfen hast. Sie blieben im Muster der Decke hängen. Du wolltest noch einmal würfeln, aber die Mutter sagte: „Das kommt gar nicht in Frage, das gilt!"

Oma klopfte sich auf die Schenkel und goss Dujardin nach. „Wie der Schah erst sich selbst und dann seine Fara Dibah gekrönt hat!" Sie nahm noch einen Schluck.

Du hattest die Auswahl, die Mutter schlagen oder dich auf das Startfeld von Oma setzen.

„Feigling", rief dein Bruder. „Feigling. Traust dich ja doch nicht!"

Du würdest dich schon trauen, aber dann wäre alles wie immer. Einzeln hast du die Felder ganz langsam abgezählt, dich bei Oma drauf gesetzt und gewartet. Mit den Fingernägeln hast du ein zweites Muster in die Tischdecke gezeichnet.

Die Mutter würfelte. „Ja! Da, jetzt habt ihr es! Gewonnen!"

Der Bruder rief: „Noch mal!"

„Heute nicht mehr", sagte deine Mutter, drückte dich ganz kurz und trug die Kakaotassen in die Küche.

Yellow Submarine

In London erlebt am 17. Juli 1968 der Zeichentrickfilm „Yellow Submarine" von dem Düsseldorfer Grafiker Heinz Edelmann und mit Musik von den Beatles seine Uraufführung. Die friedlichen Hippies von Pepperland werden bedroht von den Meanies, die preußischblau und agressiv sind. In ihrem gelben Unterseeboot eilen die Beatles den Hippies zur Hilfe, musikalisch beschwingt. Lieder wie „Sergeant Pepper's Lonely Heart Club Band", „With a little help from my friends", „Lucy in the sky with diamonds" und „All you need is love" machen den Film schnell zu einem Kassenschlager. Darstellung eines LSD-Trips oder Gesellschaftskritik? Im Film werden die Tyrannen durch die Lieder besiegt und vertrieben, was in der Realität auf den Kriegsschauplätzen der Welt leider so nicht gelingt, auch wenn die Beatles zum Meditieren in Indien gewesen sind.

Selbstbedienung

„Geht mal ins Seifenhaus", sagten die Mütter, „wir brauchen noch Apfelshampoo, die große Flasche, die ist billiger. Und auch Eishampoo, für Vater, ihr wisst schon, in diesen Portionsbeuteln mit den Ecken zum Abschneiden. Vergesst die Rabattmarken nicht, die sollen ja jetzt bald ganz abgeschafft werden. Halt, Waschmittel ist auch alle, das muss wohl mal wieder OMO sein, so wie die Jungs ihre Fußballsachen zugerichtet haben." Sie gaben uns Geld und eine karierte Einkaufstasche, die wir gar nicht leiden konnten.

Wir Mädchen mochten es, wie es dort roch, Drogeriemarkt, stand über dem Schaufenster, aber die Mütter sagten immer Seifenhaus. Wenn wir nur Geld gehabt hätten, dachten wir und sind durch die Gänge geschlendert. Die Nagellackfläschchen standen in Reih und Glied, pink und lila, feuerrot und dunkelblau, ob man so herumlaufen konnte? In unserer Stadt gab es keine Frauen mit blauen Fingernägeln, höchstens Männer, die sich mit dem Hammer auf den Daumen gehauen hatten. Wie das Blau wohl aussehen würde? Wir haben das Apfelshampoo mit einem Seitenblick aus dem Regal geholt. Den blauen Nagellack gab es auch in Probiergröße, ein winziges Fläschchen, zufällig musste es uns in die karierte Tasche gerutscht sein, gegenüber vom Eishampoo, zufällig, das würden wir sagen an der Kasse, wenn jemand fragte, aber die Verkäuferin war nicht zu sehen, wahrscheinlich probierte sie wieder Haarspangen aus.

Als wir Waschmittel und Shampoos auf die Theke stellten, kam die Verkäuferin hinter ihrem Vorhang hervor, und da sahen wir den Spiegel. Die Verkäuferin tippte, die Kasse klingelte. Jetzt nur nicht rot werden, haben wir gedacht.

Draußen roch die Luft wie frisch gewaschen nach einem Regen, OMO wäscht reiner, sagten wir stumm vor uns her, um nicht daran zu denken, was wir getan hatten, aber eigentlich war alles wie vorher. Nur, wo sollten wir jetzt den Nagellack lassen? Noch warten, erst um die nächste Ecke, vorbei an der Kirche, wir sahen zum Himmel und blinzelten zwei-

Schauma-Shampoo mit Bedienung, ein auslaufendes Modell

mal ganz kurz wie Jeannie im Fernsehen. Es war doch zufällig gewesen, genau gegenüber, gut, dass wir nicht beichten mussten wie die Katholischen. Wir bückten uns und banden die Schnürsenkel neu. Dabei schoben wir das Fläschchen in den Schuh, da war Platz.

Am nächsten Morgen, die Mütter gingen zur Arbeit, hatten wir die erste Stunde frei, aber das wussten die Mütter nicht. Wir haben das Fläschchen herausgeholt und unseren Puppen die Nägel lackiert und alles schnell wieder abgewischt, bevor es trocknete. So sah das also aus. Und immer, wenn wir von nun an ins Seifenhaus geschickt wurden, haben wir vom Nagellack mitgenommen, so ein Fläschchen blauen Nagellack in Probiergröße. Die karierte Tasche mochten wir immer noch nicht, aber sie war eine gute Ausrede. Unsere Väter packten den Tiger in den Tank, wir Nagellack in die karierte Tasche, zufällig. Alle Puppen wussten jetzt wie es war mit blauen Fingernägeln.

Wir lernten, uns zu beherrschen, nicht jedes Mal mussten wir außerdem Shampoo kaufen, und wenn wir gar nicht in den Gang hineingingen, war es nicht so schlimm. Zu Hause steckten die Fläschchen zwischen den Puppenkleidern. War ein Nagellackfläschchen leer, konnten wir es nicht einfach wegwerfen, es war schließlich immer noch ein Rest darin. Vom letzten Rabattmarkenheft erlaubten die Mütter endlich, dass wir uns Klarlack und Nagellackentferner kauften und lächelten dabei. Wir wurden langsam erwachsen. Das mochten sie. Die Verkäuferin war schon lange nicht mehr freundlich und probierte auch keine Haarspangen mehr, sondern lief ständig wie ein gehetztes Tier im Laden herum.

Nach ein paar Monaten, es war in den großen Ferien, kamen die Mütter eines Nachmittags früher nach Hause. Wir haben schnell die Hände hinter dem Rücken versteckt. „Zeigt die Hände! Was ist das? Blauer Nagellack? So viel Taschengeld habt ihr doch gar nicht! Die ganze Stadt lacht darüber, dass im Seifenhaus geklaut wird, und immer nur blauer Nagellack! Sie haben jetzt sogar einen Detektiv angestellt!"

Mit „Gummitwist" konnte man nicht früh genug beginnen

Gummi-Twist

Du hast das Gummi in die enge Cordhose gestopft, es beulte aus, und du wusstest nicht, ob es dich störte. Du bist um die Schule herumgeschlichen. Die Freundinnen gingen in die Parallelklasse und hatten noch Chemie-AG. Noch mehr als drei Jahre bis zur mittleren Reife. Danach eine Lehre bei der Sparkasse, das sei etwas Solides, hatte die Mutter gesagt. Du hast das Gummi aus der Hosentasche gezogen, es durch die Finger gleiten lassen und bist hängengeblieben. Deine Fingernägel waren mal wieder rissig und dreckig.

Dann seid ihr zu dritt die Straße entlanggelaufen, das Elektro-Geschäft hatte einen großen Hof und eine breite Einfahrt mit glatten Platten, da wart ihr am liebsten. Knobeln, wer anfing, du hast gewonnen, es roch nach Grünkohl. Du bist gehüpft, hast die Beine gegrätscht und bist über die Seiten gesprungen, dann in die Mitte zurück, dabei hast du dich gedreht. War das nicht der Sohn des Autohändlers hinter der Ecke? Ob er seine Herkules dabei hatte? Die beste Freundin strich sich die Haare aus dem Gesicht und zupfte an ihrer Bluse und am Minirock herum. Sie rieb sich die Schultern. Es war ein kühles Frühjahr nach der Schneekatastrophe noch Mitte Februar. Die andere Freundin zog den Reißverschluss ihrer Jacke zu.

Die Freundinnen schoben das Gummi in die Kniekehlen. „Nicht so fest ziehen", die beste Freundin stampfte mit dem Fuß auf, „sonst habe ich nachher wieder Striemen", sagte sie und lächelte plötzlich in eine unbestimmte Richtung. Du bist den Stern gehüpft, das Maoam unter deiner Zunge schmeckte nach Brombeer. Das Gummi wanderte über Pohöhe zur Taille. Dumpf schlugen deine Schuhe auf die Platten. Jetzt nur keinen Fehler machen, du hast dich gedreht, meintest wieder den Sohn des Autohändlers zu sehen, der älter war und schon ein Moped haben durfte, weil seine

Für viele drehte sich alles um das Moped

Eltern nebenbei noch eine Landwirtschaft betrieben und er mithelfen und Trecker fahren musste. Du hast die Beine ganz dicht am Körper nach hinten geworfen und bist gesprungen, es machte nichts, dass du kleiner warst als deine Freundinnen, beim Gummi-Twist warst du gut, wenn nur deine Cordhose nicht so kneifen würde. Das Gummi wanderte weiter nach oben, du hast ein Kichern hinter dir gehört, das war die beste Freundin. Du hast dich umgedreht. „Ab!" sagte die beste Freundin, und du sahst den Sohn des Autohändlers um die Ecke verschwinden. Du hast am Gummi gezogen und die beste Freundin hielt sich den Po. Sie stand ganz gerade, strich sich die Haare aus der Stirn und zog ihre Bluse zurecht. „Ich bin dran", sagte sie und rieb sich wieder die Schultern. Sie stieg aus dem Gummi und hielt es dir hin.

Du hast gehört, wie der Sohn des Autohändlers das Moped ankickte, den ersten Gang reinlegte, eine Runde auf dem Hof drehte. Du hast Kartoffeln und Kohl mit Pinkel gerochen und gesagt: „Moment noch, gleich machen wir weiter", und bist in den Hof gegangen. Er lud dich zu einer Proberunde ein und ließ dich dann ein paar Meter selbst fahren. Endlich! Endlich hatten sich deine dreckigen Fingernägel gelohnt. Er hatte dich als Kumpel akzeptiert und du brauchtest keinen Nagellack und kein Strahler-70-Lächeln wie die beste Freundin. Und vielleicht konntest du in drei Jahren auch der Sparkassenlehre entkommen und in deinem Zimmer eine Fototapete mit einem Motorrad anbringen.

Piratensender

Vor dem Einschlafen drückten wir Jungen unsere neuen Kofferradios ans Ohr. Es rauschte und knackste, Kurzwelle, aber anders kriegten wir Radio Luxemburg einfach nicht. Heute spielten sie Songs vom Woodstock Festival, und es hieß, bald gäbe es einen kompletten Mitschnitt, der würde als Erstes über einen

The Who

Rolling Stones

neuen Piratensender ausgestrahlt. „Radio Nordsee", illegal, ohne Sendelizenz, aber das war uns egal, solange wir nur Jimi Hendrix und Janis Joplin hören konnten und es ordentlich kreischte. 780 Bruttoregistertonnen sollte das Schiff haben, das außerhalb der Drei-Meilen-Zone ankern würde. Es hieß, sie würden fünf Sender an Bord haben und seien auf Mittel- und Kurzwelle zu empfangen.

Manchmal, wenn unsere Mütter gerade zum Einkaufen waren, drehten wir unsere Kofferradios voll auf und grölten mit. Später beklagten sich dann die Nachbarn. Aber das kümmerte uns nicht. Dabei wurde Radio Luxemburg sowieso immer zahmer. Leider konnten wir in Deutschland die englischen Piratensender „Radio Caroline" und „Radio London" nicht empfangen. Die Gruppe „The Who" wäre ohne „Radio Caroline" niemals bekannt geworden, hieß es. Wir hatten alles gelesen über die Piratensender, „Radio Veronica" war richtig berühmt geworden, nachdem das Schiff mal überfallen worden war.

Unsere Mütter sangen den ganzen Tag Lieder von Heintje und Roy Black. „Einmal wird die Sonne wieder scheinen" und „Ganz in Weiß" jagten uns Gänsehaut über den Rücken, wenn wir vom Fußballspielen nach Hause kamen. Bald durften wir endlich die Funkerlizenz machen, dann ließen wir uns abends nicht mehr ins Bett schicken. Hoffentlich würde „Radio Nordsee" nicht verboten werden. Radio Luxemburg spielte viel zu selten die Songs von Frank Zappa oder von den Rolling Stones. Mit einem 50 Meter hohen Sendemasten würde Radio Nordsee eine Reichweite von 1000 Kilometern haben, bis in die Schweiz. Die Mädchen hörten ja lieber die Beatles, „Let it be", aber das war uns schon zu schnulzig, auch „In the year 2525" von Zager & Evans. Bestimmt gut, wenn nur die Mädchen Lust auf Händchen halten gehabt hätten. Egal. Ihre Zimmer waren vollgepflastert mit BRAVO-Starschnitten, Peter Maffay, der immer „Du" säuselte, so einen mochten sie, aber wir durften unsere Haare nicht wachsen lassen.

Gehäkelte oder zumindest so wirkende Minikleider wie hier bei der Schauspielerin Diana Körner waren in

Und auch wir waren modisch mutig

Von den Sackkleidern zu Boots und Röhrenjeans

Sackkleider mit schräg verlaufenden Ziernähten konnten sich erstaunlich lange behaupten, auch wenn der Saum immer kürzer wurde, bis er schließlich wieder ins Bodenlose fiel. Mini, Midi, Maxi – rauf und runter probierte es die Modewelt Ende der Sechziger und Anfang der Siebziger Jahre und propagierte gewagte Lösungen wie Hot pants zusammen mit Schaftstiefeln und Maximantel. Nach Perlon, Trevira und Diolen wurde schließlich das Selbernähen und -stricken wieder entdeckt. Nadeln klapperten auf Flughäfen und in den Hörsälen der Unis. Der Häkellook machte auch vor Bikinis nicht Halt und Strickpullunder zu Hosenröcken mit Kniestrümpfen waren fast ein Muss. Vom Frottee mit geometrischen Mustern oder psychedelischen Ornamenten war es wiederum nicht weit bis zum Batiktrend. Minikleider, T-Shirt und sogar Hosen wanderten zusammen mit Halstüchern und Schals in die Kochtöpfe. Lila Trägerröcke liefen neben silberfarbenen Overalls die Straßen entlang und ob grasgrüner Nickipulli oder roter Knautschlackmantel, das war keine Frage, denn alles ließ sich inzwischen miteinander kombinieren. Plateausohlen zu Schlaghosen zum Beispiel, aber beides kam Mitte der 70er Jahre für eine Weile wieder aus der Mode. Die Schuhe wurden flacher, manche trugen auch so genannte Roots, bei denen die Ferse tiefer liegt. Die Hosen, Jeans oder Cord, wurden unten immer enger, bis Schüler und Studenten sie als Röhrenform trugen, die in der Badewanne in sehr heißem Wasser ganz individuell in die richtige Form gebracht wurde. Dazu gehörten Boots und Bundeswehrparka mit Palästinensertuch.

Mondlandung im Reihenhaus

Es war mitten in der Nacht und wir starrten gespannt auf den Fernseher in der neuen Schrankwand aus Nussbaum und knabberten Salzstangen. So lange durften wir noch nie wach bleiben, auch an Silvester nicht. „Mit einer Saturn-V-Rakete, der Columbia, ist Apollo 11 vor viereinhalb Tagen von Kap Kennedy zum Mond gestartet. An Bord des Raumschiffs befinden sich die Astronauten Aldrin, Armstrong und Collins ..." Der Sprecher im NASA-Kontrollzentrum wiederholte seine Sätze, seit Stunden wurden wieder und wieder die Bilder vom Start eingeblendet und auf einer Karte zeichnete ein Wissenschaftler gewissenhaft die Flugbahn zum Mond nach und erläuterte sie. Wir kannten auch die Gesichter der drei Astronautenfrauen und ihrer Kinder. Michael Aldrin schien der Älteste zu sein, etwa zwölf, so alt wie wir. „Stellt euch vor", sagten die Mütter, „euer Vater ..." Der schüttelte den Kopf und nahm seine Bierflasche, „wenn man vor kurzem ein Haus gebaut hat, geht das nicht mehr."

Die NASA-Bodenstation meldete, dass die Mondlandefähre Eagle im Meer der Ruhe gelandet sei, aber ihre Treibstoffvorräte durch eine außerplanmäßige Verlegung des Landeplatzes bis auf den letzten Tropfen verbraucht hätte. Die Mütter brachten Käsehappen mit Gurkenstückchen. Wie würden die Astronauten dann zur Erde zurückkommen? fragten wir uns, sprachen es aber nicht laut aus. Das brachte Unglück.

Jetzt hieß es, die Ausstiegsluke der Mondlandefähre sei seit ein paar Minuten geöffnet, plötzlich sahen wir unscharfe Schwarzweiß-Bilder und hörten auf zu kauen. Die Landefähre

Neil Armstrong

warf einen riesigen Schatten auf die Mondoberfläche. Angekündigt worden war der spannendste Moment in der Geschichte der Menschheit, aber wir sahen nur graues Flimmern und einen leuchtend weißen Fleck. „Das ist Armstrong", sagten die großen Brüder, „er steigt jetzt die Leiter hinab zum Mond." Wir nickten, waren aber nicht richtig überzeugt. Es wurden die Originaltöne übertragen und die Übersetzer schwiegen einen Moment. „Englisch", sagten die großen Brüder „ein historischer Satz." Wir lernten nun seit zwei Jahren Englisch und hatten nichts verstanden. „Mit dem linken Fuß zuerst ...", sagte der Übersetzer. „Und ihr geht jetzt bald ins Bett", sagten die Mütter und stellten Salzstangen und Erdnüsse in die Durchreiche zur Küche, „sonst steht ihr morgen früh mit dem linken Fuß zuerst auf."

Rote Punkt Aktionen

Im Juni 1969 kommt es in Hannover wegen einer Tariferhöhung zu Blockadeaktionen von Bussen und Bahnen. Nach brutalen Polizeieinsätzen solidarisieren sich die Einwohner auf breiter Linie mit den Demonstranten. Der öffentliche Nahverkehr wird daraufhin eingestellt. Mit der „Aktion Roter Punkt" organisieren Schüler-, Studenten- und Gewerkschaftsgruppen Mitfahrgelegenheiten. Autofahrer kennzeichnen ihr Fahrzeug durch einen roten Punkt und nehmen nach einem festgelegten System die Wartenden mit. Für einen reibungslosen Ablauf und einen regelrechten Liniendienst sorgen Ordnungsdienste und Lautsprecherdurchsagen. Als die hannoversche Nahverkehrsgesellschaft Üstra schließlich Preissenkungen verkündet, endet der Boykott. Auch in Heidelberg protestieren die Anwohner erfolgreich mit „Rote Punkt Aktionen" gegen Tariferhöhungen im öffentlichen Nahverkehr.

Mandeloperation

Kerzengerade hast du auf dem Stuhl gesessen und den Rücken an die Lehne gepresst. Die Krankenschwester schaute auf die Uhr. Du hast in den weißen Plastikbecher mit der dunklen Flüssigkeit gestarrt, die du trinken solltest. Ekelig. Mandeloperation. Der Arzt hatte gesagt, es müsste sein, es wäre besser die Mandeln zu entfernen, sie radikal wegzuschneiden, dann wäre Ruhe. Und eine örtliche Betäubung würde reichen. Ein Indianer kannte schließlich keinen Schmerz und würde auch nie wieder Halsschmerzen haben. So das Versprechen. Die Schwester setzte dir den Becher an die Lippen. Du hast gehustet und gewürgt, das war so bitter im Hals. Sie drückte dich zurück auf den Stuhl und klatschte dir ein weißes Tuch über die Augen. „Mund auf! Ganz weit!" sagte sie. Sie schob dir ein Chromgestell in den Mund. „Damit du den Onkel Doktor nicht beißt." Sollte wohl komisch sein, sie wollte dich nur ablenken, aber du konntest unter dem Tuch durch einen Spalt alles sehen, das wusste sie nicht. Jetzt konntest du nicht mehr weg. Maulsperre. Deine Lehrer hätten ihre Freude an dir gehabt. Jemand riss die Tür auf. „Wen haben wir denn da?!" Als ob er das nicht genau wusste. Der Doktor schüttelte deine Hand, dabei verrutschte das Tuch und gab die Sicht fast ganz frei, aber niemand kümmerte sich darum. Die Krankenschwester schaute wieder auf die Uhr und nickte. „Tut das weh?" fragte der Arzt und fuhr mit einer Zange in deinen Mund hinein. Es zwickte. Du wolltest schreien, konntest es nicht, denn die Schwester hielt dich an den Schultern fest. Du hast einen Gurgellaut gemacht, der Arzt kratzte und piekste in deinem Hals herum. Du hast böse geknurrt, aber er hatte es wohl als Zustimmung verstanden, denn ein brennender Schmerz durchzuckte deine linke Halshälfte. Du wolltest dich aufbäumen, aber die Schwester drückte deine Schultern wieder nach hinten. „Stell dich nicht so an“, schrie der Arzt, „halt still, verdammt!“ Du hast gegurgelt und gewürgt, da waren Indianerschmerzen und aufgeschürfte Knie harmlos dagegen. Du hast genau gesehen, wie der Arzt blutige Klumpen aus dir herausholte. Das Zuschauen lenkte dich ab, du hast analysiert. Die Betäubung wirkte noch nicht, deshalb tat es so weh und deshalb hatte die Krankenschwester vorhin auf die Uhr geschaut.

Aktuelle Mode, auch für die Konfirmation

Das weiße Kleid

Deine Mutter hatte es selbst genäht. Mit langen Ärmeln und einem Bündchen. Den Rock glockig geschnitten. In den Wochen vor der Konfirmation gab es mit der Mutter bei der Anprobe immer einen Disput über die Saumlänge. „Der Po muss bedeckt sein!“ sagte sie jedes Mal. „Wie sieht denn das aus, wenn du in der Kirche nach vorne gehst!“

Eigentlich hattest du dich gar nicht konfirmieren lassen wollen. Schließlich aber hatte die Mutter dich überzeugt. Ihr zuliebe bist du zum Konfirmandenunterricht gegangen, zusammen mit deinen Freundinnen und den gleichaltrigen Jungen, mit denen du nichts anfangen konntest. Ein Jahr lang, einen Nachmittag in der Woche. Jedenfalls offiziell. Meistens hast du vor der Tür vom Gemeindehaus nur freundlich den Pfarrer gegrüßt und dich dann in die Eisdiele verdrückt, wo die Freundinnen nach und nach eintrudelten. Die Jungen gingen Moped fahren. Sonntags habt ihr es vor dem Gottesdienst genauso gemacht. Der Pfarrer hat nie etwas gesagt.

Irgendwann war das Jahr rum. Die Jungen schienen nicht älter geworden zu sein. Und dein Kleid war nicht das kürzeste. Zwei Handbreit über dem Knie begann schon der Saum. In der Kirche hast du die ganze Zeit deinen Konfirmandenspruch vor dich her gemurmelt: „Lasst uns aber Gutes tun, denn zu seiner Zeit werden wir auch ernten, wenn wir nicht nachlassen“ (Galater, 6,9). Als du an deinem Platz zurückgekehrt bist, konntest du dich an nichts anderes erinnern. Das weiße Kleid hast du nie wieder angezogen, die Maximode kam und du hast sowieso lieber Hosen getragen. Der Konfirmandenspruch fiel dir erst viel später wieder in die Hände.

1971–1975

Erste Liebe und erste Ölkrise

Das 15. bis 18. Lebensjahr

Erste Liebe

Im Freibad lag sie wie immer im Schatten unter den alten Eichen. Ob er heute fragen würde: „Darf ich dich nach Hause begleiten?"

Vorhin hatte er ihr von der anderen Seite der Hecke zugesehen, wie sie sich ausgezogen und das lilafarbene Batikkleid über den Kopf gestreift hatte. Darunter trug sie schon den Bikini. Sie hatte sich auf den Bauch gelegt und die Augen geschlossen.

Plötzlich berührte sein Blick ihre Schultern, wanderte über den Nacken zum Ohr und kitzelte sie. Sie drehte sich um, öffnete die Augen und schaute in sein Lachen. „Geh'n wir schwimmen?", fragte er. Er stand direkt vor ihrer Liegedecke und neigte den Kopf zur Seite.

Sie gingen nebeneinander zum Becken, dann sprang sie schnell ins Wasser, damit er sie nicht weiter so anschauen konnte. Er blieb an der Bank stehen und schaute zu, wie sie wieder auftauchte. In der Hand hielt er eine brennende Zigarette, die Schachtel Camel steckte an der Seite in seiner Badehose. Auf dem Rücken kraulte sie durch das Becken und schaute in den blauen Himmel. Es war anders, jetzt, nachdem er gefragt hatte. Beobachtet hatte er sie schon die ganze letzte Woche. Warum kam er nicht ins Wasser? Als sie aus dem Becken kletterte, reichte er ihr das Handtuch, was er wohl von ihrer Decke geholt hatte. Sie rubbelte sich trocken

Chronik

20. Oktober 1971

Für die „außerordentlichen Ergebnisse bei der Schaffung von Voraussetzungen für den Frieden in Europa" erhält Willy Brandt den Friedensnobelpreis.

5. September 1972

Bei den Olympischen Spielen in München, die am 26. August unter dem Motto „Heitere Spiele" eröffnet worden sind, wird ein Attentat auf die israelische Olympiamannschaft verübt. Zwei Sportler werden getötet, neun weitere als Geiseln genommen, um 200 Araber aus israelischen Gefängnissen freizupressen. Ein Befreiungsversuch der Polizei endet mit einem Blutbad, alle Geiseln werden getötet, die Attentäter können festgenommen werden.

19. November 1972

Bei einer Wahlbeteiligung von 91,1 % bei den Bundestagswahlen kann die SPD ihren Stimmenanteil auf 45,8 % steigern und stellt erstmals die stärkste Fraktion im Bundestag. Auch die FDP verzeichnet Stimmengewinne und erzielt 8,4 %. Die sozialliberale Koalition mit Willy Brandt als Bundeskanzler wird fortgesetzt.

6. Oktober 1973

Ägyptische und syrische Militäreinheiten greifen Israel am jüdischen Feiertag Jom-Kippur an und erobern Teile der Sinaihalbinsel zurück sowie zunächst die Golanhöhen. Am 11. November endet der 4. Israelisch-Arabische Krieg mit einem Waffenstillstandsabkommen.

6. Mai 1974

Willy Brandt übernimmt die politische Verantwortung für die Agentenaffäre Guillaume und erklärt seinen Rücktritt als Bundeskanzler. Sein Nachfolger wird Helmut Schmidt.

1. August 1975

In Helsinki unterzeichnen die Vertreter von 35 Staaten die Schlussakte der Konferenz über Sicherheit und Zusammenarbeit in Europa (KSZE), die Absichtserklärungen zur Friedenssicherung sowie über Zusammenarbeiten auf den Gebieten Wirtschaft, Wissenschaft, Technik und Umwelt und auch zum Informations- und Kulturaustausch und zu zwischenmenschlichen Kontakten enthält.

Manche erste Liebe begann im Freibad oder am See

und sagte: „Ich geh mich schnell umziehen." Sie rannte zu ihrer Decke, holte ihre Sachen und schloss sich erleichtert in der Umkleidekabine ein.

Später ging er neben ihr, und sie schob ihr Rad, froh über einen Platz für ihre Hände. Nur gut, dass sie heute nicht die Hot pants angezogen hatte. Er trug Schnurrbart und Brille, Jeans und Turnschuhe und sagte: „Morgen habe ich das Auto von meinem Vater, hast du Lust auf eine Spazierfahrt?" Sie nickte, hatte keine Worte und verschwieg, dass sie erst vierzehn wurde. Zu Hause legte sie von Miguel Rios „A song of joy" auf und hörte das Lied wieder und immer wieder.

B a a d e r ,
Andreas,
6.5.43 München

1,76 m, schlank,
braunes Haar,
blaue Augen,
Zahne lückenhaft,
Bartwuchs u. Haarfarbe wechselnd

E n s s l i n ,
Gudrun,
15.8.40 Bartholomae

1,70 m, schlank,
hohe Stirn,
ca. 2 cm lange
Narbe ü.d. rechten
Augenbraue, Haarfarbe u. -schnitt
häufig wechselnd

M e i n h o f ,
gesch. Röhl,
Ulrike,
7.10.34 Oldenburg

ca. 1,65 m,
schlank, dunkelblond, trägt meist
Sonnenbrille,
Haarfarbe u.
-schnitt häufig
wechselnd

Mitglieder der Baader-Meinhof-Gruppe

Terrorismus weitet sich aus

In der Bundesrepublik Deutschland setzen nach dem „Schwarzen September" die Mitglieder der „Baader-Meinhof-Gruppe", der „Rote Armee Fraktion" (RAF) und der „Bewegung 2. Juni" ihre kriminellen Aktionen und Bombenattentate sowie Entführungen von Personen des öffentlichen Lebens fort. Nach einem Hungerstreik stirbt Holger Meins am 9. November 1974, am nächsten Tag wird als Vergeltung der Richter Günter von Drenkmann ermordet. Am 27. Februar 1975 wird der Westberliner CDU-Landesvorsitzende Peter Lorenz von Terroristen entführt, kommt aber am 2. Juni 1975 wieder frei, nachdem fünf Häftlinge freigelassen wurden. Bei einer Geiselnahme Ende April 1975 in der deutschen Botschaft in Stockholm, mit der 26 Mitglieder der Baader-Meinhof-Gruppe freigepresst werden sollen, werden zwei Geiseln von den Terroristen getötet, um den Forderungen Nachdruck zu verleihen. Nachdem die Terroristen Sprengladungen im Botschaftsgebäude gezündet haben, gelingt es der Polizei, die verbliebenen Geiseln, die zum Teil verletzt sind, zu befreien. Am 21. Dezember 1975 überfallen propalästinensische Terroristen das Hauptquartier der OPEC in Wien und nehmen die Mitglieder der dort tagenden Delegationen als Geiseln. Nach langwierigen Verhandlungen werden die Forderungen der Terroristen erfüllt, die schließlich in Libyen Asyl erhalten.

Am Tag, als Conny Kramer starb

In der „Disco 72" im ZDF sang Juliane Werding „Am Tag, als Conny Kramer starb" und wir hielten den Atem an. So schön war sie, wie sie da auf den Stufen saß, so traurig und ernst schaute sie und diese langen blonden Haare. Aber so sanft war ihre Stimme zur Gitarre, dass wir wohl geweint hätten, wenn wir dafür nicht schon zu alt gewesen wären. Eine Liebesgeschichte wie wir sie uns wünschten, natürlich nicht mit einem solch tragischen Ausgang, aber so ein Mädchen, das mit uns im Gras lag, hätte uns gefallen. Heimlich rauchten wir schon lange Zigaretten und manchmal gaben uns die Älteren auch eine Selbstgedrehte. Die Mädchen knabberten ja lieber am duplo herum und tranken Bluna. Aber davon sah man kein Meer aus Licht und Farben, wie Juliane Werding sang, doch vom Apfelkorn, den die Älteren immer herumgehen ließen, konnte das schon passieren, das hatten wir erlebt und uns schlecht danach gefühlt. Bevor wir nach Hause gingen, lutschten wir auf jeden Fall immer schnell ein paar tic tac. Ist die neue Taktik, grinsten wir in uns hinein und stellten uns die Mütter vor, wie sie entsetzt über die Apfelkornflasche und die Zigaretten wären. Niemals wären wir auf die Idee gekommen, dass in einer Selbstgedrehten außer Tabak noch etwas anderes drin sein könnte. Manchmal fielen ein paar Unterrichtsstunden aus, nur für die Mütter nicht, die aber unseren Stundenplan sowieso nicht mehr verstanden. Arbeitsgemeinschaft, so konnte man unsere lustige Runde mit den Älteren auch nennen. Die schluckten ab und zu kleine, bunte Pillen, von denen sie uns aber

Juliane Werding

Schuhe mit Plateausohlen, Marianne Rosenberg

keine geben wollten. Bleibt bei euren tic tac, sagten sie. Dabei hätten wir so gerne jemanden gehabt, der Blumen auf unser Grab stellt und um uns weint.

Die Schuhe

„Du kommst heute mit!" sagte die Mutter und hielt die alten Lederschuhe mit den Kreppsohlen in der Hand. „Die Sohlen quietschen und ich lese, das siehst du doch", hast du gesagt und wieder ins Buch gesehen. „Momo" von Michael Ende, aber das würde die Mutter sowieso nicht verstehen.

„Dann die Schuhe mit den Plateausohlen. Du kommst jetzt mit. Auf jeden Fall!", sagte die Mutter und rührte sich nicht von der Stelle. „Und hör endlich auf zu lesen!" „Die Plateauschuhe sind seit einem Jahr zu klein und aufhören, das kann und will ich nicht", hast du gesagt und die Mutter nicht angeschaut. „Hier sind die Schnürstiefel, jetzt mach endlich, Papa ist auch gleich fertig", sagte die Mutter. „Die Stiefel sind viel zu warm und Papa ist gerade aufs Klo." „Also dann die Pumps! Hier. Und gib nicht immer Widerworte!" sagte die Mutter und schlug die Absätze aneinander. „Nun, beweg dich!", sagte sie. „Dafür wären die Turnschuhe besser", hast du geantwortet und dabei umgeblättert. Die Klospülung rauschte. „Wie sehen denn deine Turnschuhe wieder aus! Die kannst du nicht anziehen. Heute ist Sonntag!" Die Mutter hielt dir die Schuhe unter die Nase, aber du wusstest ja, wie sie aussahen und hast weitergelesen.

„Hier die Lackschuhe", sagte die Mutter. „Zusammen mit dem neuen, mit diesem schön gemusterten Kleid, das mit dem großen Kragen. Dazu den langen Sommermantel." „Alles unmodern, habe ich dir im Schlussverkauf gleich gesagt." Du hast die Beine angezogen, dich in den neuen selbst gekauften Nickipulli gekuschelt und über die Jeans gestrichen. Schuhe mit geflochtenen Keilsohlen würdest du dir auch selbst kaufen. „Dann eben die Gummistiefel! Es hat sich bewölkt, das hast du nun davon! Jetzt musst du den Knautschlackmantel anziehen." „Wir bleiben heute hier, es regnet und gleich kommt auch Fußball!" rief der Vater und ließ sich in seinen Fernsehsessel fallen.

Das Musical „Jesus Christ Superstar"

Jesus Christ Superstar

Nicht dass wir plötzlich an Gott geglaubt hätten. Zwar waren wir vor zwei Jahren konfirmiert worden, aber nur, weil unsere Eltern darauf bestanden hatten. Dieses Jahr Ostern hatten sie die Songs aus dem Musical bei Radio Luxemburg gespielt und wir waren nicht eine Minute vom Radio weggegangen. Wir hatten gespart, vom Taschengeld jede Woche etwas beiseite gelegt. Dann kam der große Tag und wir konnten sie uns endlich kaufen, die Doppel-LP „Jesus Christ Superstar". Wie einen Schatz trugen wir sie nach Hause, warteten ungeduldig, bis die Eltern abends das Wohnzimmer räumten und ins Bett gingen. Vorsichtig sein sollten wir mit dem Plattenspieler, wir nickten brav, nein, wir würden die Lautstärke nicht zu sehr aufdrehen.

Wir lagen genau zwischen den Lautsprecherboxen auf dem Teppich, vor uns das Textheft und sangen leise mit. Bei Radio Luxemburg hatten wir die Texte nicht so ganz richtig verstanden. Maria Magdalena, unser Herz schmolz, das war wirkliche Liebe, und die war unerfüllt noch viel schöner. Und die Szene im Tempel, man konnte das Peitschenknallen von Jesus hören, wie er die Händler vertrieb und dazu zornig sang. Wie Herodes versuchte, Jesus zu provozieren, doch ein Wunder zu vollbringen und zu beweisen, dass er Gottes Sohn sei, wie er ihn schließlich anschrie, er solle aus seinem Haus verschwinden, aus seinem Leben. „Get out of my house – get out of my life!" Die Stimme von Judas, so falsch wie sein Verrat. Er habe nichts zu verteidigen, sang Jesus dann im Angesicht seines Widersachers Pontius Pilatus, der schließlich sein eigenes Handeln in Zweifel zog. Wenn Jesus so gewesen war, vielleicht konnten wir dann doch an Gott glauben?

§ 218, 70er Jahre

Frauenbewegung

In der Schweiz stimmen die Männer am 7. Februar 1971 endlich für das Frauenwahlrecht auf Bundesebene. Am 11. Februar 1973 wird im Fürstentum Liechtenstein in einer Volksabstimmung jedoch die Einführung des Frauenwahlrechts auf Landesebene abgelehnt. In der Bundesrepublik Deutschland ordnet Innenminister Hans-Dietrich Genscher am 16. Februar 1971 an, dass unverheiratete Frauen im Beruf mit „Frau" anzureden sind. Eine Reform des Eherechts wird im Mai 1971 vom Bundeskabinett in die Wege geleitet. Scheidungen sollen in Zukunft nicht mehr mit der Schuld eines Ehepartners, sondern aufgrund des Scheiterns einer Ehe (Zerrüttungsprinzip) ausgesprochen werden. Das neue Eherecht wird erst nach langwierigen Beratungen im Juni 1976 vom Bundestag verabschiedet. Angekündigt wird von der SPD-/FDP-Bundestagsfraktion auch eine Änderung des § 218. Anfang Juni 1971 bekennen 374 Frauen in der Wochenzeitschrift „Stern" „Wir haben abgetrieben!" Im Mai 1973 beginnt der Deutsche Bundestag mit der ersten Lesung zur Reform des § 218. Die Fristenlösung wird 1974 mehrheitlich vom Bundestag verabschiedet, aber am 25. Februar 1975 vom Bundesverfassungsgericht für verfassungswidrig erklärt. Damit bleibt der Schwangerschaftsabbruch grundsätzlich strafbar und die Frauenbewegung erhält im „Internationalen Jahr der Frau" 1975 erneut Auftrieb.

„Kommunen" gab es in der Stadt und auf dem Land

Erste eigene Wohnung

Es gab nichts zu tun. Den ganzen Tag trieb der Wind die Schneeflocken ums Haus, verschluckte das Rauschen der Autobahn. Du hast mit dem Finger Eisblumen am Fenster aufgetaut, feuchte Kälte hing in der Diele und nichts passierte. Wenn wenigsten der Briefkasten klappern würde, könntest du mit dem Hund um die Wette rennen. Aber der Hund leckte sich nur die Schnauze und gähnte. Er hatte Pansen gefressen, und du hast dich weggedreht. Die Ofenklappe quietschte, du hast ein wenig in der Glut gestochert, Briketts nachgelegt, die du vorher in Zeitungspapier gewickelt hast. Der Ruß fühlte sich weich an zwischen den Fingerkuppen. Solschenizyn hatte nach seiner Ausbürgerung Anfang des Jahres aus der Sowjetunion nun in Stockholm den Literaturnobelpreis entgegengenommen. Du hättest für die Schule lernen können, aber schließlich waren Ferien und bis zum Abitur dauerte es noch mehr als ein Jahr. Was solltest du anfangen mit diesem Tag im Wartestand vor Weihnachten? Die anderen aus

Wir konnten ganz schön abgefahren sein

eurer WG waren schon über die Feiertage zu den Eltern gefahren. Weil es das erste Mal ist, hatten sie gesagt. Du hattest es nicht so weit. In der Essecke hast du das Licht ausgeknipst, es würde sowieso nicht mehr hell werden. Dann bist du ins Bett gekrochen. Der Hund stand am Fußende, gähnte wieder, legte den Kopf schief und sprang auf die Decke. Jedenfalls würde es so warm werden und so lange er nicht das Kopfkissen mit dir teilen wollte ... Die Katze maunzte auf dem Fensterbrett. Du bist wieder aufgestanden und hast das Fenster geöffnet. Die Katze sprang herein und plumpste mit einem satten Geräusch auf den Teppich. Fenster zu, Vorhang auch. Was ging dich der Wind draußen an. Drei Uhr nachmittags, ihn wegschlafen, diesen Dämmertag.

„Was ist denn hier los?" Jemand schob ratternd die Schiebetür zu deinem Zimmer zurück. Neben dir auf dem Kopfkissen blinzelte der Hund, gähnte und stank. An den Füßen kitzelte dich das Katzenfell. Im Zimmer stand der Bauer, ein Onkel über drei Ecken, der euch günstig seinen Kotten überlassen hatte. Ab und zu kam er, um nach dir zu gucken und die notwendigste Arbeit an diesem alten Bauernhaus zu verrichten.

„Wie lange schläfst du denn schon? Hast du mal aus dem Fenster geschaut? Wo sind eigentlich die anderen? Ihr könnt das noch, mit siebzehn einfach so einen Tag verschlafen!"

Du hast dir die Augen gerieben. Draußen war es hell, taghell. Schnee lag auf den Feldern und glänzte in der Sonne. Der Wecker zeigte acht Uhr. Nun hast du auch die Autobahn gehört, der Wind schwieg also.

„Ist dir eigentlich klar, dass der Wind heute Nacht das halbe Haus abgedeckt hat? Und du liegst hier und schläfst!"

Hund und Katze sprangen aus dem Bett.

„Komm und hilf mir, ich hab Ziegel besorgt."

Als du die Leiter zum Dachboden hochgeklettert bist, flutete dir schon das Licht entgegen, das durch die Ziegellücken fiel. Spinnenweben schaukelten in der Sonne. Deine Hände wurden rissig vom Ziegelschleppen und Anreichen. Aber jedenfalls war jetzt etwas zu tun.

Anti-Atomkraftproteste

Umweltschutz

In der Bundesrepublik Deutschland protestieren immer mehr Bürger gegen den Betrieb und den Bau von Kernkraftwerken. Am 15. April 1975 wird das Kernkraftwerk Biblis A als weltgrößter Atommeiler eingeweiht und zugleich für den zweiten Block das Richtfest gefeiert. Gegen eine dritte und vierte Ausbaustufe stimmen im Juni 1975 die benachbarten Gemeinderäte. In ihrem Umweltschutzprogramm veröffentlicht die Bundesregierung grundsätzliche Leitlinien, die ökologische und ökonomische Aspekte gleichrangig nebeneinander stellen. Angestrebt wird die Durchsetzung des Verursacherprinzips und die Realisierung umweltfreundlicher Techniken in den nächsten 10 bis 15 Jahren. Umweltschützer weisen weltweit mit Aktionen, so zum Beispiel gegen das Waldsterben, auf die Zerstörung der Natur hin. Die Mineralölgesellschaften springen auf diesen Zug auf und werben mit Umweltargumenten, so „Aral" mit dem Slogan „Sauber fährt am längsten" für einen neuen Zusatzstoff im Benzin. Gegen den immer noch weit verbreiteten Fortschrittsglauben wirkt der Bericht des „Clube of Rome" „Die Grenzen des Wachstums" im Jahr 1972 wie ein heilsamer Schock. In den USA wird der Katalysator entwickelt, der den Schadstoffausstoß von Kraftfahrzeugen reduziert. Und bereits 1975 warnen US-Wissenschaftler vor der Zerstörung der Ozonschicht durch Treibgase.

Typisch, Protest gegen unsoziale Mietpreise

Raumschiff Enterprise

„Der Weltraum – unendliche Weiten ... Wir schreiben das Jahr 2200. Dies sind die Abenteuer des Raumschiffs Enterprise ...
So der Sprecher zu Beginn einer jeden Folge. Uns Jungen waren diese ersten Sätze nach dem Vorspann heilig, obwohl sie sich immer wiederholten.

Die Mutter kam herein und warf einen Blick auf den Fernsehschirm. Lichtjahre entfernt ihr Staubtuch, mit dem sie über das Büffet wischte. „Spitze des Eisbergs", hieß die heutige Folge. Am Rande der bekannten Galaxie fing die Enterprise einen Notruf auf und holte die verbrannte und zerbeulte Unfallboje eines Raumschiffs an Bord, das seit zwei Jahrhunderten vermisst wurde. Wir rechneten nach, also aus unserer Zeit.

Mr. Spock analysierte die teilweise angesengten Bandaufzeichnungen. „Ich versuche zu kompensieren", sagte er. „Du kannst nachher auch noch kompensieren und die Garage aufräumen", sagte die Mutter, die erneut hereingekommen war. „Ein magne-

Raumschiff Enterprise

tischer Raumsturm", sagte Mr. Spock, „sieben Tote, nein sechs, Befehl zur Selbstzerstörung des Schiffes."

Und Captain Kirk gab jetzt den Befehl, die Galaxie zu verlassen, denn sie mussten herauskriegen, was passiert war. Das war ihr Auftrag. Und auch wir ließen alle bekannten Dinge zurück, begaben uns in dieses lilafarbene Kraftfeld unbekannter Art. „Faszinierend", war es, wie Mr. Spock zu sagen pflegte und jetzt durchgab: „Dichte negativ, Strahlung negativ, Energie negativ."

Wieder kam die Mutter ins Zimmer, jetzt goss sie die Blumen und lief andauernd vor dem Bildschirm herum. „Weg hier!" rief Captain Kirk. Die neue Psychologin an Bord, die die Reaktionen der Crew in ungewöhnlichen Situationen untersuchen sollte, sank plötzlich zu Boden, und auch der junge Offizier Mitchell. Beide standen dann aber wieder auf. Wir standen auch auf, um besser sehen zu können. Mitchells Augen leuchteten, ein Blick, um jemanden zu töten. Wir schauten die Mutter an, die aber stemmte die Hände in die Hüften und sagte: „Schon ganz eckige Augen!"

Die Enterprise entkam dem Einfluss des fremden Energiefeldes, und wir atmeten auf. Die Mutter war verschwunden. Die Sol-Triebwerke der Enterprise aber waren teilweise ausgebrannt, das Raumschiff nun auf die Impulstriebwerke angewiesen. Mitchell erholte sich auf der Krankenstation, wenn nur seine Augen nicht gewesen wären, die Psychologin beobachtete ihn. In einem Tag las er die halbe Schiffsbibliothek und konnte problemlos aus einem bestimmten Buch von einer x-beliebigen Seite zitieren. Wir seufzten, so würden wir auch gerne lesen können. Wie einfach wäre es dann in der Schule. Mitchell konnte auch seine Körperfunktionen so verändern, bis er scheinbar tot war. Nachher würden wir es auch probieren und die Mutter erschrecken, wenn

Enterprise ist Kult

sie wieder hereinkam. Mitchell war ein „Esper" geworden, ein Mensch mit übernatürlichen Kräften. Er konnte die Bilder in den Gehirnen der anderen Menschen sehen und seine Fähigkeiten vergrößerten sich arithmetisch. Mr. Spock warnte Captain Kirk: „Töten Sie Mitchell, solange Sie es noch können!" Und hatte hinzugefügt: „Wenn ein echter ‚Esper' geschaffen wird, hat ein Mensch keine Chance."

Captain Kirk beschloss, den Sol-Antrieb der Enterprise auf einem unbewohnten „Service-Planeten" zu reparieren, den sie mit den Impulstriebwerken erreichen konnten, und Mitchell dort auszusetzen. Mitchells Kräfte wuchsen und sie mussten ihn betäuben, um ihn hinunterbeamen zu können. „Wahrscheinlich muss ich dich auch betäuben, um dich vom Fernseher zu lösen", sagte die Mutter. Wir reagierten nicht, sondern setzten uns ganz aufrecht hin und waren plötzlich viel älter als gerade erst sechzehn. Mitchell und Kirk kämpften jetzt gegeneinander. „Weg da", riefen wir, als sich die Mutter wieder mit dem Staubtuch zu schaffen machte. Da kamen Mitchells Kräfte zurück und Kirk gelang es erst in letzter Minute, mit dem Phasergewehr einen Felsbrocken aus der Wand über ihnen zu lösen. Mitchell wurde darunter begraben.

„Abendessen! Es gibt Hawaii-Toast mit Scheibletten", sagte die Mutter. „Nachher müssen wir unbedingt zusammen die Tagesschau gucken", rief der Vater, „in Israel ist wieder Krieg."

Entspannungspolitik in Deutschland

Ende 1970 werden die deutsch-polnischen Verträge unterzeichnet. Die sozialliberale Koalition in der Bundesrepublik Deutschland kann die Entspannungspolitik nach Abschluss des Viermächteabkommens im September 1971 fortsetzen. Die Ostverträge werden im Mai 1972 vom Bundestag gebilligt. Zuvor werden im Dezember 1971 mit der DDR schon ein Abkommen über den Transitverkehr und im Mai 1972 ein Verkehrsvertrag abgeschlossen. Die Verhandlungen über den Grundlagenvertrag zwischen der BRD und der DDR vollziehen sich anschließend in ungewöhnlich schnellem Tempo, so dass der Text zehn Tage vor der Bundestagswahl am 19. November 1972 veröffentlicht werden kann. Am 21. Dezember 1972 unterzeichnen die Vertreter der Bonner Regierung und der DDR den Grundlagenvertrag, der im Mai 1973 vom Bundestag ratifiziert wird. Am 18. September 1973 werden die BRD und die DDR in die UNO aufgenommen.

Ein Markttag in Frankfurt

Der Gummibaum

Regelmäßig samstags. Markttag. Wir standen vor dem Lastwagen. Auf der Ladefläche zauste der Wind ein Blättermeer. Günstig waren die Pflanzen in Holland, Pflanzen und Käse. Zwei Monate Griechenland, nachdem die Diktatur jetzt dort zu Ende war. Zwei Monate mit dem Schlafsack unter echten Gummi-Bäumen, das wünschten wir uns nach dem Abitur, kein halbes Jahr mehr bis dahin. Dann würden wir endlich richtig selbstständig sein. Wenn nur der Numerus clausus nicht gewesen wäre. Wir konnten nicht studieren, was wir wollten, wussten aber auf der anderen Seite noch gar nicht, was aus uns werden sollte.

„Meine Herrschaften, eine einmalige Gelegenheit, greifen Sie zu! Ficus benjamini. Besonders pflegeleicht." Der Verkäufer hob ein schmächtiges Bäumchen hoch, das sich im Wind schüttelte. „Heute drei zum Preis für eins", sagte er und schnappte sich noch einen Ficus und noch einen. „Können Sie in einen Topf pflanzen, verträgt auch Hydro, praktisch, wenn sie im Urlaub sind." Drei zusammen sahen gut aus, nicht mehr so zerfranst. Aber wir wollten erst noch Käse kaufen und uns umsehen.

Wir kauften alten Gouda, ein kleines Stück, Emmentaler für Pizza und Ziegenbrie.

„Die Erde können Sie einfach abwaschen und die Wurzeln dann in Hydro einbetten", rief der billige Jakob. Unsere Oma hatte in Holland gearbeitet, als ganz junges Mädchen, da gab es richtige Gummi-Bäume, so hoch wie das Zimmer. Der Verkäufer schüttelte die Bäumchen. „Ficus benjamini, drei

Stück, 10 Mark. Greifen Sie zu! 8 Mark! Letztes Angebot, drei für fünf! Na, junge Frauen, worauf wartet ihr noch, ach, nehmt sie mit, nein, ich will nichts, gehen Sie! Halt, Sie kriegen noch was drauf", sagte er, „für alle Lebenslagen, Blattglanzspray, aufsprühen und gut einpolieren! Regelmäßig." Vielleicht half das beim Abitur?

Spaziergang auf der Autobahn

Ein unscheinbarer Sonntag im November. Der Himmel hing tief über den Häusern und den nahen Feldern. Seltsam unberührt kam uns die Luft vor, als wir aus dem Haus traten. Sonst hörte man immer ein Rauschen von der Autobahn, heute dämpfte nichts unsere Schritte. Wir gingen zur Brücke, um zu gucken, ob wirklich keine Autos fuhren oder nur der Wind günstig stand. Tatsächlich, keine Autos. Stattdessen Radfahrer und winkende Spaziergänger.

Es war der erste autofreie Sonntag, vier sollten es insgesamt werden, um die Ölreserven zu schonen, hatte Kanzler Schmidt gesagt, nachdem die OPEC während des Jom-Kippur-Krieges zwischen Israel und den arabischen Staaten die Ölförderung gedrosselt und das „Öl als Waffe" eingesetzt hatte.

Wir kletterten die Böschung hinunter und betraten vorsichtig den glatten Asphalt. Dann liefen wir um die Wette und lachten uns hinterher halb tot. Fast war es wie in frühen Kindertagen, als Autos noch Seltenheitswert besaßen und die Straße uns gehört hatte. Ein Pulk Radfahrer überholte uns laut klingelnd. Rollschuhfahrer drehten Kreise und wiegten sich in Schlangenlinien.

Schlagzeile 1973

Abends sahen wir im Fernsehen die Bilder von leeren Autobahnen. Ein Sprecher ermahnte alle streng, sich unbedingt an das absolute Verbot für Fußgänger auf Autobahnen zu halten. Außerdem gäbe es Ausnahmegenehmigungen vom Fahrverbot, Krankenwagen zum Beispiel seien natürlich nicht betroffen und Ärzte auf dem Weg zum Dienst. Es wäre lebensgefährlich, auf der Autobahn herumzuspazieren. Uns erschienen in diesem Augenblick nur die Autos gefährlich zu sein, es gab einfach zu viele davon. Unsere Autobahn war keine Hauptverkehrsader, sondern eher eine Nebenstraße und endete noch in einer Baustelle und deshalb konnten wir ruhig ein wenig darauf herumspazieren.

Promi-Kasten

5. Jan.	**Karl Allgöwer** ehemaliger deutscher Fußballspieler
3. Feb.	**Ulrich Karger** deutscher Autor
19. Feb.	**Falco** († 1998), österreichischer Sänger und Musiker
26. März	**Oliver Hirschbiegel** deutscher Regisseur
29. März	**Christopher Lambert** US-amerikanischer Schauspieler
4. April	**Aki Kaurismäki** finnischer Regisseur
8. April	**Andrea Ypsilanti** deutsche Politikerin
16. Mai	**Joan Benoit** Marathonläuferin aus den USA
5. Juni	**Thomas Kling** († 2005) deutscher Lyriker
19. Juni	**Anna Lindh** († 2003) schwedische Politikerin
27. Juli	**Hansi Müller** ehemaliger deutscher Fußballspieler
18. Aug.	**Harald Schmidt** deutscher Schauspieler, Kabarettist und Moderator
20. Sep.	**Sabine Christiansen** deutsche Fernsehmoderatorin
21. Okt.	**Steve Lukather** US-amerikanischer Gitarrist, Sänger der Band Toto
13. Nov.	**Stephen Baxter** britischer Science-Fiction-Autor
20. Nov.	**Stefan Bellof** († 1985) Autorennfahrer
12. Dez.	**Susanna Tamaro** italienische Schriftstellerin
24. Dez.	**Hamid Karzai** Präsident der Übergangsregierung von Afghanistan

... ein guter Jahrgang – 1957!

Von uns Mädchen wären wohl manche lieber Jungen gewesen, weil diese es anscheinend leichter hatten. Zu den Mädchenspielen hatten wir von Anfang an ein gespaltenes Verhältnis, etwas schien uns am gewohnten Rollenverständnis nicht zu stimmen. So interessierten sich einige von uns schon früh für Mopeds und dann für Bohrmaschinen und haben später das Motorradfahren oder das Heimwerkern zu ihrem Hobby gemacht. Doch ohne dass wir rebellisch geworden wären, fanden wir stets genügend Lücken im gesellschaftlichen System, die wir für uns besetzen konnten. Wir waren zu jung für die 68er Zeit und auch zu jung für die Frauenbewegung, aber immer schon alt genug, um uns die Rechte einfach zu nehmen. Ein Jahrgang, der nicht lange fragt, sondern handelt.

Viele unserer Mütter machten Heimarbeit und fanden so einen Weg, uns zu betreuen und doch kein schlechtes Gewissen haben zu müssen. So lernten auch wir hart zu arbeiten und stets pragmatisch zu handeln. Und viele von uns wollten später, längst selbst Mütter geworden, unbedingt arbeiten und fanden ganz individuelle Wege, ihre Kinder trotzdem gut betreut zu wissen.

Manchmal sind wir anderen ein wenig zu schnell, aber das ist kein Wunder, haben wir doch den technischen Fortschritt hautnah mit bekommen. Noch zur Zeit der Kohleöfen und der letzten Bauarbeiten für Kanalisationsanschlüsse auf dem Lande sahen wir die ersten Fernsehbilder. Später holten wir Koteletts und Eis aus der neuen Gefriertruhe und erlebten

Wir hatten keine Angst vor der Zukunft

die Beschleunigung, die die Welt im Zeichen des Autos erfuhr, auch wenn unsere Eltern sich vielleicht noch keines leisten konnten. Wir zählten die Autobahnen, die im Bau waren oder gerade neu eröffnet wurden. Da würden wir später schneller vorankommen, so dachten wir damals.

Geprägt von den Erlebnisberichten unserer Lehrer über Vertreibung und Krieg, hatten wir trotz der Ereignisse Ende der 60er Jahre allerdings zunächst ein distanziertes und nur theoretisches Verhältnis zu Geschichte und Politik. Kriege waren schrecklich, aber sie passierten nur im Fernsehen.

Erst die Bürger- und Umweltschutzbewegung konnte uns Mitte der 70er Jahre für sich gewinnen. Mit der Ölkrise 1973 schienen wir plötzlich am Ende der Wohlstandsgesellschaft angekommen zu sein, die die Eltern doch für uns erarbeitet hatten. Die als Alternative zum Öl angepriesene Kernkraft war jedoch manchen nicht geheuer und so demonstrierten wir in der Wilstermarsch gegen Brokdorf oder ein Jahr später in Gorleben.

1975 wurde das Wahlalter auf 18 Jahre herabgesetzt. So nutzten wir im darauf folgenden Jahr unsere Chance, endlich mitbestimmen zu können und nahmen auch regen Anteil am übernächsten Wahlkampf mit Franz Josef Strauß als Kanzlerkandidaten. Wir verfolgten aufmerksam den ersten Einzug der Grünen in ein Landesparlament, wählten aber selbst eher den individuellen Weg des Protests und nahmen später an der Demonstration im Bonner Hofgarten teil.

Wir pilgerten nicht zum polnischen Papst, sondern zum unmöglichen Möbelhaus aus Schweden und nutzten für unsere Urlaubsfahrten nach Süden das Tramperticket.

Wegen der Arbeitslosigkeit schon in den 70er und 80er Jahren mussten viele von uns zum Teil mehrfach ihre Berufswahl revidieren. Doch als „ein guter Jahrgang" fanden wir stets neue Wege – für uns und andere.